cahier de métho do logie

4e éd.

Université
du Québec
à Montréal

*Nous remercions la fondation de l'UQAM pour son appui financier
dans le déroulement de la recherche qui a conduit à cet ouvrage.*

Équipe de production

Conception et rédaction: Liliane Goulet, spécialiste en sciences
de l'éducation
Ginette Lépine, coordonnatrice
Responsable de la production: Lyne Kurtzman, agente de
recherche
Corrections: Liliane Goulet, Lyne Kurtzman, Denise Neveu
Conception graphique et montage: Marie-Josée Lafortune
Production: Bureau des graphistes de l'UQAM
Impression: Service de reprographie de l'UQAM

Cahier de méthodologie, 4ᵉ édition

Dépôt légal: 2ᵉ trimestre 1987   ISBN   2-920731-07-6
Bibliothèque nationale du Québec   4 5   91 90

INTRODUCTION

Si vous êtes un-e adulte qui retournez aux études après avoir quitté l'école depuis plusieurs années ou même si vous êtes un-e étudiant-e qui venez de terminer vos études collégiales, il est probable que vous éprouviez de l'inquiétude devant les exigences universitaires. Vous avez peut-être déjà commencé à l'occasion de vos premiers cours à identifier un certain nombre de vos difficultés. Vous êtes, par exemple, insatisfait-e de votre façon de prendre des notes, vous n'arrivez pas à vous retrouver dans tout le fatras d'informations contenues dans vos lectures, vous ne vous sentez pas, en conséquence, en mesure d'en faire le résumé adéquat, encore moins d'étendre vos recherches et d'exploiter les matériaux recueillis aux fins de travaux plus importants. **Si tel est votre cas, sachez qu'il y a près de vous beaucoup d'autres étudiant-e-s dans la même situation.**

La formation méthodologique n'est que trop rarement dispensée à l'école secondaire et au cégep et, à l'université, la plupart des professeurs-es la supposent acquise. Mais ne vous laissez pas aller au découragement! L'acquisition d'une méthode de travail est un problème que vous pouvez prendre en charge vous-même. Pour vous aider dans cette démarche, ce cahier regroupe en 17 chapitres les principales composantes des travaux universitaires. Ce cahier n'est cependant qu'un instrument; vous adopterez la méthode qui convient le mieux à votre personnalité et à votre style d'apprentissage.

Il existe sur le marché plusieurs ouvrages consacrés à la méthodologie du travail intellectuel. Il faut croire que celui-ci, tant par sa présentation que par son contenu, a su répondre à des attentes particulières sur ce plan, puisqu'il en est à sa quatrième édition. C'est en décembre 1983 que le Service de pédagogie universitaire publiait la première édition expérimentale de ce cahier.[1]

Cette édition-ci se distingue des éditions antérieures par le retrait des chapitres particuliers à l'UQAM : Se familiariser avec l'UQAM, La poursuite des études au deuxième cycle; par le retrait, la réorganisation ou la reformulation d'informations qui étaient, elles aussi, trop particulières à l'UQAM. Ainsi cette quatrième édition contient des informations qui valent pour la plupart des institutions d'enseignement. De plus, vous y trouverez quatre nouveaux chapitres : La gestion du temps, Le plan d'études, Les travaux pratiques en sciences pures et appliquées et L'ordinateur-outil.

Nous vous suggérons d'utiliser ce guide pendant la réalisation de vos travaux. Consultez-le selon vos besoins, vos problèmes et les exigences de vos travaux universitaires. Ce guide est conçu pour être pratique, une lecture gratuite serait peu significative.

---

(1)   Ce Service a été aboli à l'automne 1985.

Dans l'élaboration de ce document, nous avons fait appel à la collaboration de plusieurs étudiants-es que nous avons longuement interrogés-es sur leurs difficultés. Nous avons également obtenu une grande contribution des secrétaires, Mesdames Henriette D'Amours, Carole Corbeil, Johanne Gélinas et Jocelyne Gauvin. Merci à elles, merci à eux.

Merci aussi aux nombreuses personnes qui nous ont conseillées pour la rédaction de certains chapitres. Les voici toutes :

- **des membres du personnel de l'UQAM**

  Jacques Archambault,
  Service de l'audio-visuel

  Mario Barbieri,
  Service de l'audio-visuel

  Lucille Boiselle-Roy,
  Bureau du registraire

  Yolande Boulerice,
  Décanat des études avancées et de la recherche

  Ruth Bourrassa-Larivée,
  Service d'aide financière

  Réjean Brunet,
  Service de la protection publique

  François Carreau,
  Décanat des études avancées et de la recherche

  Lisette Dupont,
  Bibliothèques

  Johanne Fortin,
  Services communautaires

  Louisette Grenier,
  Bureau du registraire

  Jean-Yves Groulx,
  Service des sports

  Jacynthe Lalonde,
  Service d'accueil et d'hébergement

  Gaétanne Lemay,
  Service d'aide financière

  Odette Tozzi-Claudinon,
  Bureau du registraire

  Johanne Vachon,
  Service d'orientation scolaire et professionnelle

- **des directeurs-trices de programmes d'études avancées de l'UQAM**

  Helga Feider,
  psychologie

  Robert Nadeau,
  philosophie

  Francine Noël,
  art dramatique

  Gilles Therrien,
  sémiologie, études littéraires

  Normand Wener,
  communications

- **des directeurs de départements**

  André Hade
  chimie

  Gilbert Prichonnet
  sciences de la terre

- **des professeurs et chargé de cours de l'UQAM**

  Serge Laurin,
  communications

  Yvon Lefebvre,
  sciences de l'éducation

  Jean-Pierre Masse,
  communications

  Armel Boutard
  physique

  France Guay
  chimie

  Daniel Gagnon
  sciences biologiques

Soulignons enfin la patience et la qualité du travail de mesdames Colette Belisle et Judith Routhier de la maison de photocomposition ARTÈS Inc. ainsi que le bon accueil de monsieur Luc Monette et son équipe de la Galerie UQAM où nous avons réalisé le montage de ce **Cahier de méthodologie.**

- **d'autres personnes**

  Jean Beaudry,
  cinéaste

  Nicole Marchand,
  Télé-Université

  Rina Olivieri,
  Coop UQAM

  Lise Thibodeau-Brunet,
  bibliothéconomie, U. de M.

La question des genres

Cet ouvrage tend, dans la mesure du possible, à un français moins sexiste. Ainsi, l'on lira les marques du féminin dans les introductions de chacun des chapitres. Dans le corps du texte, elles apparaissent lorsque l'étudiant-e est interpellé-e et à chaque fois où le mot est porteur d'une connotation trop exclusivement masculine.

TABLE DES MATIÈRES

LA GESTION DU TEMPS

rédigé par Ginette Lépine
et Liliane Goulet

À leur première session d'études, beaucoup d'étudiants-es évaluent mal la somme de travail requise pour l'ensemble de leurs cours. Certains-es abandonnent des cours ou sont obligés-es de demander un délai pour la remise des travaux, d'autres réussissent au prix de quelques nuits blanches. Voici un plan d'action pour ceux et celles qui sont toujours à court de temps. Ce plan vous permettra d'être plus détendus-es, mieux concentrés-es, moins éparpillés-es; il vous permettra aussi d'établir des priorités et de planifier vos travaux en fonction des échéances au lieu de réagir aux urgences et de faire continuellement du rattrapage. Enfin, ce plan d'action vous permettra souvent d'absorber les imprévus.

SOMMAIRE

1) Évaluer le temps requis pour vos travaux
2) Évaluer votre horaire global
3) Tenir un agenda
4) Vous familiariser avec l'institution

1) Évaluer le temps requis pour vos travaux

Prendre une décision quant à la durée et à l'étendue d'un travail est important. Il s'agit ici de vous faire l'idée la plus précise possible du temps à consacrer à chacun de vos cours. La grille **Études et Travaux**, page 15, pourra vous y aider. Si vous la complétez, vous saurez à la fois combien d'heures de travail nécessite chaque cours et combien d'heures par semaine vous devrez réserver à vos travaux.

2) Évaluer votre horaire global

Maintenant que vous connaissez le temps que vous consacrerez à vos travaux durant une semaine, faites un décompte général du temps dont vous aurez besoin pour réaliser vos autres activités hebdomadaires. Pour ce faire, vous complétez la grille **AUTRES ACTIVITÉS**, page 16.

Les deux grilles complétées, vérifiez si votre grand total indique un emploi du temps réaliste. Si ce n'est pas le cas, vous devrez vous fixer des priorités différentes, prendre moins de cours ou diminuer le temps consacré à d'autres activités, ou encore repenser vos méthodes de travail.

3) Tenir un agenda

Il ne vous reste plus qu'à inscrire votre horaire hebdomadaire dans votre agenda. Libérez votre mémoire de toutes les informations disparates qu'elle accumule! Inscrivez d'abord dans votre agenda les activités fixes (cours, emploi, pratique sportive, réunion à la garderie...), puis les autres activités (réunions d'équipe, sorties, réceptions ...). Profitez-en aussi pour noter certaines dates importantes (inscription, acquitement des frais de scolarité, modification du choix de cours, annulation des cours, réception du relevé de notes, demande de modification de notes, réception du certificat de déduction d'impôt relative aux études...). Répartissez ensuite les études et les travaux dans les espaces libres.

Identifiez les moments où vous êtes le plus productif et consacrez-les à des travaux qui exigent de la concentration ou qui sont plus difficiles. Établissez votre horaire d'études selon votre rythme personnel, par tranches d'une, deux ou trois heures consécutives. Précisez ce que contiendra chaque tranche de travail.

EXEMPLE : 9 h 30 : lecture du premier chapitre de **L'école des femmes** — 10 h 30 : rédaction de l'introduction du travail sur les mythes concernant l'objectivité en sciences. Il est préférable de finir ce qu'on entreprend : on perd tellement de temps à s'y remettre.

Si vous avez de la difficulté à vous concentrer longtemps, faites alterner les types de travaux (lecture/rédaction, travail fastidieux/travail léger) et accordez-vous dix minutes de détente après chaque heure de travail. Vous pouvez aussi vous construire un horaire varié : deux heures d'études, une heure pour les courses, une heure d'activités sportives...

Vous avez peut-être besoin, au contraire, de baigner plusieurs heures consécutives dans un travail pour être efficace. Consacrez alors des demi-journées aux longs travaux tels un travail de recherche, une production audio-visuelle. Suivre un cours le matin et réaliser les travaux de ce cours l'après-midi vous conviendra si vous aimez la continuité.

L'important est d'établir un horaire à votre mesure, agréable et souple. Sachez toutefois que l'instrument perdra de son efficacité si vous chambardez votre horaire constamment. Si vous visez une répartition du travail sur toute la session plutôt qu'un effort frénétique de dernière minute, vous avez avantage à reporter les temps d'études aussitôt qu'il y a un changement plutôt que de les annuler.

DES TRUCS

— Avoir toujours un crayon et un papier pour noter les idées et réflexions qui peuvent alimenter les travaux.

— Téléphoner avant de se déplacer pour vérifier si...

— Prendre des rendez-vous, c'est plus sûr!

— Utiliser le temps de déplacement dans les transports en commun pour effectuer des lectures faciles.

— Afficher son horaire de travail afin que l'entourage soit discret durant les temps d'études.

ÉTUDES ET TRAVAUX

EXEMPLES

	Cours 1 : travail de recherche		Cours 2 : examen et résumé critique		Cours 3 :		Cours 4 :		Cours 5 :		Nombre d'heures par semaine
	étapes	durée	étapes	durée	étapes	durée	étapes	durée	étapes	durée	
1ère semaine	—	—	—	—	—	—	—	—	—	—	—
2e semaine	choix du sujet	3 hres	choix du livre	3 hres							6
3e semaine	recherche de la documentation	4 hres	recherche sur l'auteur	5 hres							9
4e semaine	recherche de la documentation	4 hres	lecture du livre	3 hres							7
5e semaine	lectures	6 hres	lecture du livre	3 hres							9
6e semaine	lectures	6 hres	lecture du livre	5 hres							11
7e semaine	lectures	6 hres	rédaction du résumé	4 hres							10
8e semaine	lectures	6 hres	rédaction du résumé	6 hres							12
9e semaine	plan de travail	4 hres	rédaction de la critique	5 hres							9
10e semaine	1ère rédaction	5 hres	dactylographie et correction	5 hres							10
11e semaine	2e rédaction	5 hres	préparation de l'examen	2 hres							7
12e semaine	rédaction finale	5 hres	préparation de l'examen	2 hres							7
13e semaine	rédaction finale	5 hres	préparation de l'examen	4 hres							9
14e semaine	dactylographie et correction	6 hres	préparation de l'examen	4 hres							10
15e semaine	préparation de la présentation	3 hres	examen	—							3
nombre d'heures pour le cours		68		51							119

AUTRES ACTIVITÉS

EXEMPLE

	Emploi	Tâches domes-tiques	Repas	Bénévolat	Activités culturelles	Sports	Transport	DIVERS	TOTAL	Cours : reporter le total de la grille précédente	GRAND TOTAL
1ière semaine											
2e semaine											
3e semaine											
4e semaine											
5e semaine											
6e semaine											
7e semaine											
8e semaine											
9e semaine											
10e semaine											
11e semaine											
12e semaine											
13e semaine											
14e semaine											
15e semaine											

4) Vous familiariser avec l'institution

Une bonne façon de gagner du temps, c'est de bien connaître l'institution que vous fréquentez : savoir où aller, quel numéro de téléphone composer, à qui s'adresser en cas de besoin. Nous avons tenté de nous mettre dans votre peau et d'identifier certains de vos besoins. Le tableau **DES BESOINS ET DES SERVICES** pose plusieurs questions et vous invite à trouver des réponses.

Vous pouvez transformer cette recherche d'information en jeu et partir à l'aventure, en équipe. Vous pouvez également utiliser les feuilles blanches de votre agenda pour noter les résultats de vos découvertes. N'oubliez pas que mieux vous serez informé-e, plus vous gagnerez du temps.

DES BESOINS ET DES SERVICES

— Vous avez faim.
  Où trouver la cafétéria, le casse-croûte, les machines distributrices?

— Vous avez envie de rencontrer des gens.
  Où sont les lieux de rencontre, les cafés?

— Vous voulez un casier.
  Où sont-ils? Comment en obtenir?

— Vous voulez acheter des livres, des articles scolaires.
  Où est la COOP, le magasin de fournitures générales?

— Vous voulez faire des photocopies.
  Où pouvez-vous en faire? À quel prix? À quelles heures?

— Vous voulez un permis de stationnement.
  Où aller? Que faire?

— Vous avez perdu un objet.
  Qui contacter?

— Vous êtes malade.
  Où est la salle de premiers soins?

— Vous êtes une personne handicapée.
  Avez-vous droit à des services particuliers? Qui contacter?

— Vous avez peur de circuler tard dans votre institution.
  Avez-vous accès à une escorte préventive?

— Vous voulez des informations sur les règlements et politiques de votre institution.
  Où aller? À qui s'adresser?

— Vous voulez régler des questions financières.
  Où se trouve le Service d'aide financière?

— Vous avez besoin d'un logement, de le meubler.
  Y a-t-il un Service d'accueil et d'hébergement? À qui s'adresser?

— Vous voulez faire du sport.
  Où se trouve le Service des sports?

— Vous désirez vous tenir au courant des activités étudiantes, des événements spéciaux.
Quoi consulter? Que lire?

— Vous désirez vous tenir au courant des activités étudiantes, des événements spéciaux.
Quoi consulter? Que lire?

— Vous avez peut-être accès à d'autres services.
Lesquels? Où les trouver? À qui s'adresser?

Vous avez survécu à cette expédition, vous connaissez mieux votre institution. Vous commencez aussi à
mieux connaître les étudiants-es et les professeurs-es.
Outre vos activités scolaires, vous avez peut-être envie
maintenant de réaliser des projets. Si tel est le cas,
vérifiez s'il existe un secteur de l'animation communautaire qui vous y aiderait. Si oui, voici quelques
suggestions pour **ÉCONOMISER DU TEMPS**.

DES PROJETS À RÉALISER

— Vérifiez si votre projet ne recoupe pas une activité
existante.

— Donnez un titre à votre projet.

— Décrivez-le en répondant aux questions suivantes :
(une page suffira)

• qui sommes-nous?
• que voulons-nous faire?
• qui voulons-nous rejoindre?
• de quelles ressources avons-nous besoin?
• quel sera notre échéancier?

LE PLAN D'ÉTUDES

rédigé par Ginette Lépine
et Liliane Goulet

S'inscrire à de nouveaux cours, faire différents travaux, se faire une opinion sur les problématiques reliées à son champ d'études, concocter sa contribution sociale, voilà le métier d'étudiant-e. Si vous occupez un emploi à temps partiel ou à temps plein, si vous avez des enfants et qu'en plus vous êtes engagé-e dans des activités diverses, vous vous sentez probablement débordé-e. Les sessions se suivent et se ressemblent : insertion dans de nouveaux groupes, choix d'un travail, course à la documentation, lectures, sprint final pour la remise des travaux. Maîtrisez votre métier d'étudiant-e au lieu de le subir! Ce chapitre vous propose un moment d'arrêt pour établir votre plan d'études.

Qu'est-ce qu'un plan d'études?

Suivre des cours, les uns à la suite des autres, dans le seul but d'obtenir un diplôme, ce n'est pas très emballant. Élaborer un plan d'études est beaucoup plus stimulant. Apprendre c'est intégrer de nouvelles informations, acquérir de nouvelles habiletés et de nouvelles attitudes; c'est aussi changer, modifier l'organisation de nos connaissances, habiletés et attitudes. Dans ce contexte, dresser un plan d'études donne un sens et une orientation à son cheminement d'étudiant-e. Il permet d'établir des liens entre les différents cours et de déterminer des sujets pour les travaux.

Votre projet d'études fait partie de votre vie, de votre travail. Avant de répondre à des questions le concernant, faites un bilan de votre cheminement personnel, de vos acquis et expériences antérieurs ainsi que de vos projets d'avenir.

Inspirez vous de cet exemple :

| | MES ACQUIS | | MES SOUHAITS | |
	ÉTUDES	EXPÉRIENCES	ÉTUDES	TRAVAIL
Il y a 2 ans	— étudiante au CEGEP à temps partiel	— animation de loisirs à la ville de Mtl — responsable d'activités socio-culturelles à l'association étudiante du CEGEP	— m'inscrire à l'université en sciences humaines	— devenir sociologue?
Maintenant	— CEGEP terminé — 1ière année au bacc. en animation culturelle terminée	— participation à une coopérative d'habitation — bénévolat auprès d'associations de locataires d'habitations à loyers modiques	— terminer mon baccalauréat en deux ans — faire un stage auprès d'une équipe d'architectes afin de connaître les aspects techniques reliés à la rénovation d'habitation	— travailler dans le domaine des coopératives d'habitation

Questions

— Pourquoi avez-vous choisi ce programme d'études (formation antérieure, intérêts personnels et aptitudes, perspectives de travail, perfectionnement...)?

— Quelles sont les connaissances et habiletés que vous voulez acquérir et les attitudes que vous souhaitez développer, compte tenu de vos objectifs de formation?

— Quels sont les cours du programme qui correspondent le plus à vos projets?

— Dans quels milieux voudriez-vous faire vos stages?

— Quelles expériences de travail souhaiteriez-vous acquérir, compte tenu de votre programme d'études?

— En combien de sessions voulez-vous terminer vos études?

— Pensez-vous poursuivre vos études au deuxième cycle?

Si vous remettez en question votre choix de programme, vous pouvez consulter le personnel du Service d'orientation et d'information scolaire et professionnelle de l'institution que vous fréquentez ou projetez de fréquenter. La plupart offrent, sur rendez-vous, la possibilité d'obtenir une entrevue individuelle. Si vous avez besoin d'informations sur votre programme d'études ou d'encadrement, consultez les différents spécialistes et professionnels (conseillers pédagogiques, professeurs ...) de l'institution que vous fréquentez.

Le projet d'études

	Le sigle du cours	Le type de cours (obligatoire, facultatif, libre)	Mes acquis antérieurs (les cours suivis dans le domaine, les expériences pratiques, les lectures, etc.)	Les objectifs du cours — connaissances — habiletés — attitudes	Les objectifs que j'endosse	Les moyens que j'utiliserai (notes de cours, lectures, choix des travaux, discussions avec le professeur, etc.)	Les résultats atteints (notes, acquis)
1ère session							
2e session							
3e session							
4e session							
5e session							
6e session							

Mes motivations :

Votre projet d'études doit répondre à vos objectifs de formation. Pour le planifier, analysez la structure de votre programme et identifiez les cours préalables. Inscrivez dans la grille précédente les cours obligatoires et choisissez vos cours facultatifs : effectuez plus d'un choix car tous les cours ne sont pas offerts à toutes les sessions. N'oubliez pas que les cours libres vous permettent d'élargir vos horizons.

Si vous considérez que les connaissances que vous avez acquises dans un cours antérieur ou dans un milieu de travail correspondent à celles qui seraient communiquées dans un cours de votre programme, vérifiez si vous avez droit à des équivalences; le cas échéant, n'hésitez pas à les demander dès votre entrée dans le programme. Vous pourrez alors obtenir soit une exemption, soit une substitution de cours. Les études de niveau collégial général ne donnent cependant pas lieu à des exemptions.

À la fin de chaque session, vous pourriez faire le point quant à votre plan d'études :

— les objectifs atteints, l'intégration et l'utilisation des connaissances, les liens entre les apprentissages, les lacunes dans la formation;

— le degré de motivation, les difficultés rencontrées;

— les ressources à exploiter, les types et sujets de travaux à privilégier; le soutien à demander;

— les cours abandonnés, ceux à choisir;

— autres éléments.

Pourquoi ne pas faire ces bilans avec d'autres étudiants s'ils ont les mêmes interrogations, problèmes et attentes que vous?

Ce bilan vous aidera à mesurer, quand il y a en a, les écarts entre vos objectifs de départ et les résultats obtenus. Il vous aidera aussi à en cerner les causes.

Avez-vous des difficultés à :

— gérer votre temps?

— conduire une recherche documentaire?
conduire une recherche en laboratoire?

— lire efficacement et résumer vos lectures?

— rédiger vos travaux?

— travailler en équipe?

— réaliser une production audio-visuelle?

— utiliser la micro-informatique?

— etc.

Si vous avez répondu OUI à l'une ou l'autre de ces questions, vous pourriez consulter prioritairement les chapitres de ce livre qui en traitent.

Afin d'être toujours au fait de vos difficultés, problèmes, questions, il peut être intéressant de tenir un journal de bord tout au long de vos études. Le journal de bord est un bon outil d'analyse et de synthèse. Pour en savoir plus à ce sujet, consultez le chapitre 10, point 4, **POUR ÉCRIRE MIEUX, ÉCRIRE DAVANTAGE.**

3

LA PRISE DE NOTES LORS D'UN EXPOSÉ

rédigé par Liliane Goulet

Prendre des notes, en écoutant, est plus difficile que prendre des notes en lisant. En lisant, on peut facilement revenir au début de l'ouvrage et comparer les différentes parties du livre, mais au cours d'un exposé, d'un cours, d'une conférence, d'un entretien, d'une émission de télévision, la seule personne qui puisse revenir au début est celle qui parle.

La prise de notes est généralement destinée à soutenir l'attention par le biais d'une écoute plus active et à assurer la conservation d'informations fugitives. De plus, les notes fournissent des lignes conductrices faciles à lire qui constitueront la base d'un travail ultérieur : recherche, essai, dissertation, mémorisation en vue d'un examen, etc.

1. Quel matériel utiliser?

Des **feuilles mobiles** de préférence, quadrillées et de grand format de façon à réunir sur une même feuille une partie importante de l'exposé et à avoir, par la suite, une vision d'ensemble plus nette. De plus, on peut facilement déplacer des feuilles mobiles, on peut y intercaler des documents traitant du même thème, du même sujet, du même problème que ce soit des cartes, des croquis, des graphiques, des illustrations, des extraits de lecture... Bref, elles permettent un classement plus rationnel. Il est nécessaire cependant de conserver ces feuilles **dans un ensemble** (chemise, cartable...) de façon à posséder autant d'ensembles que de sujets différents.

On écrira seulement sur le recto des feuilles :

— pour pouvoir embrasser d'un seul coup d'œil les notes d'un exposé, d'un cours;

— pour pouvoir recopier les feuilles dont les notes ne sont pas assez claires;

— pour pouvoir découper et coller sans sacrifier un verso.

2. Quoi noter?

Puisque prendre des notes, c'est retenir l'essentiel, il n'est pas nécessaire de tout noter. On peut noter :

— l'articulation générale de l'exposé, c'est-à-dire les grandes lignes du plan, les idées principales;
— certaines articulations particulières, c'est-à-dire les idées secondaires;
— les points forts, les idées nouvelles, les faits mis en relief;
— les démonstrations qui contredisent ses opinions;
— les exemples précis qui éclairent le développement, la théorie;
— les définitions qui permettent de préciser des significations;
— les références qui permettront de compléter des notions;
— les statistiques.

Quelques suggestions pour repérer les idées importantes:

— demander un plan quand c'est possible;
— surveiller certaines expressions du type; «nous verrons», «notez bien», «souvenez-vous»...;
— surveiller les répétitions et les mots-clés tels : buts, causes, conséquences, aspects...;
— surveiller le débit de la personne qui parle, générale-ment le rythme ralentit à mesure que l'importance croît;
— poser des questions, faire clarifier des points obscurs.

3. Comment noter?

Des notes faciles à utiliser ressemblent à un schéma. Il est donc préférable de les disposer comme un plan et de ne pas songer à faire des économies de papier. Voici quelques techniques :

— laisser une marge à gauche et à droite de chaque feuille;
— réserver un espace au bas de chaque page pour les compléments personnels : commentaires, remar-ques, questions;
— hiérarchiser les notes en numérotant les idées principales, les titres, les grandes articulations de l'exposé ou en les écrivant en gros caractères; sauter plusieurs lignes entre chacune de ces articulations;
— ne pas serrer les lignes entre les idées secondaires, les exemples;
— négliger les effets de style, les verbes non expressifs tels «il y a», «se trouve», «est»; les articles, les mots de subordination.
— résumer d'un mot ce que l'on connaît déjà;

- choisir une formule de renvoi telles «voir», «cf», pour ce qui a été noté ailleurs;
- utiliser des mots-outils tels «donc», «d'où», ou des jeux de flèches pour noter le déroulement d'un raisonnement;
- écrire lisiblement et au recto de la page seulement;
- paginer chaque feuille;
- utiliser des symboles et des abréviations courantes.

Voici quelques exemples d'abréviations et de symboles. Mais, la meilleure chose à faire, c'est de s'inventer un système personnel qu'on utilisera aisément. L'important, c'est de se comprendre vite et bien.

Quelques abréviations usuelles		Quelques symboles	
cap.	capital	+	plus
cad.	c'est-à-dire	-	moins
chap.	chapitre	±	plus ou moins
comm.	communication	=	veut dire, est
ct	court terme	≠	ne veut pas dire, n'est pas
ds	dans	F	femme
ex.	exemple	H	homme
m	même	∞	alliance
nb	nombre	0	interdiction
pt	point	→ ←	interaction, interdépendance
pb	problème	↗	accroissement, essor, progrès
quelc	quelconque	↙	décroissement, déclin
qq	quelque	⇒	conséquence
rpt	rapport	<	plus petit, inférieur, moins important
s.v.p.	s'il-vous-plaît	>	plus grand, supérieur, plus important
tv	télévision	?	pourquoi, question à poser
ts	tous	△	danger
vs	vous		

4. La mise au point des notes

Pourquoi réviser, mettre au point des notes?

— parce que le sujet traité vous intéresse particulièrement et que vous voulez l'approfondir;

— parce que vous possédez d'autres notes concernant le même sujet et que vous voulez en faire une synthèse;

— parce que la prise de notes a suscité un certain nombre de questions auxquelles vous désirez répondre;

— parce que vous n'êtes pas d'accord sur leur contenu et que vous désirez consolider votre point de vue;

— parce que vous avez une tâche à accomplir (résumé, examen, commentaire...) et que vous voulez les étudier, les mémoriser...

— etc.

Comment le faire?

Ce travail peut se faire seul ou avec deux ou trois autres étudiants, ce qui permet à chacun de compléter, le cas échéant, ses notes :

— se munir de plusieurs crayons de couleurs;

— souligner les titres en prenant la précaution de souligner avec la même couleur les titres de même importance;

— encadrer les passages essentiels, rejoindre par des accolades des éléments communs (c'est pourquoi il convient de laisser des marges à gauche et à droite des pages);

— recopier les passages peu compréhensibles et les coller sur la page;

— ajouter sur des feuilles intercalaires des tableaux synoptiques qui résument et coordonnent et faire les renvois utiles.

Pour celles et ceux qui veulent réorganiser leurs notes en fonction d'un travail de recherche, d'une dissertation, d'un essai.

— relire les notes en clarifiant tout ce qui est obscur par des recherches dans les dictionnaires, les encyclopédies...;

— distinguer les faits des opinions;

— identifier les informations pertinentes par rapport à la tâche à accomplir;

— consulter les ouvrages mentionnés lors de l'exposé et d'autres ouvrages dont on a entendu parler;

— établir une bibliographie;

— noter quelques citations utiles en indiquant la source;

— comparer toutes ces informations de sources différentes;

— mettre en relation ces informations nouvelles avec celles qu'on possède déjà;

— tirer quelques conclusions.

BIBLIOGRAPHIE

ALMERAS, Jacques et Daniel FURIA. Méthodes de réflexion et techniques d'expression, Paris, éditions Armand Colin, 1973, 461 pages.

BOSQUET, Robert. Savoir étudier. Méthode pour un travail personnel efficace, Paris, éditions Le centurion, coll. «Sciences humaines», 1969, 57 pages.

DARTOIS, Claude. Comment prendre des notes ou la mémoire de papier, Paris, éditions Le centurion, 1965, 63 pages.

DUBREUIL, Richard. Méthode de travail de l'élève et de l'étudiant, Paris, éditions Univers, coll. «Documents et méthodes», 1977, 64 pages.

En collaboration. Méthode de travail intellectuel, recueil de textes, Université de Montréal, Faculté de l'Éducation permanente, Propédeutique, 1980, 83 pages.

FORTIN-LINCK, Louise. Guide méthodologique. Méthode de travail intellectuel, Collège Bois-de-Boulogne, Éducation des adultes, juillet 1979, 188 pages.

LANOIX, Jean. Comment réussir et vivre heureux au Cégep, Montréal, éditions Stanké, 1978, 135 pages.

MIGNAULT, Marcel. Les chemins du savoir, tome 2, La Pocatière, Société de stage en bibliothéconomie de La Pocatière, 1979, 188 pages.

LA RECHERCHE DOCUMENTAIRE

rédigé par Ginette Lépine

S'informer, se documenter c'est souvent essentiel quand on cherche une réponse à une question ou une solution à un problème. Ce peut être également une manière de se ressourcer. L'information, c'est connu, constitue aussi une des formes du pouvoir.

Mais où, quoi et comment chercher? La documentation est devenue une science avec sa technologie et son vocabulaire. Dans certaines disciplines, la masse des écrits double à tous les cinq ou dix ans. Là comme ailleurs, des facteurs sociaux entrent en ligne de compte; on publie parce que des découvertes sont faites et que les connaissances augmentent, mais également parce que cela met en valeur et assure une promotion sociale. N'y a-t-il pas trop d'écrits qui n'intéressent que quelques spécialistes et pas assez de bonnes synthèses, d'œuvres de vulgarisation stimulantes?

Quoi qu'il en soit, vous avez besoin de vous documenter de façon générale ainsi que pour vos travaux. Ce qui est important, c'est d'accumuler une documentation intéressante et suffisante et de comparer des informations de sources différentes, **sans que cela prenne trop de temps**. Ce chapitre sur la recherche documentaire se propose de vous aider à trouver et à évaluer l'information pour vos cours et pour vos travaux.

SOMMAIRE

1. Les sources d'information

La bibliographie fournie par le professeur est sans doute la première source de documentation à considérer; **il existe cependant de nombreuses autres filières d'information.** Évidemment, vous n'aurez pas à utiliser toutes ces sources d'information lors de la réalisation d'un travail. Vous vous référerez à l'une ou l'autre selon la nature de votre travail. Dans cette section, seront abordés en premier lieu les ouvrages de référence, puis les différentes sources de documentation et d'information, du livre à celles utilisées moins fréquemment. Finalement, l'univers des instruments pour trouver de la documentation sera survolé.

A) Les ouvrages de référence

Pour vous faire une première idée d'un sujet et pour le situer dans un cadre général, les ouvrages de référence peuvent vous être utiles. Vous en tirerez des éléments pour votre introduction, des définitions, des statistiques, des renseignements à inclure dans le travail. En plus, si vous hésitez entre deux sujets, les ouvrages de référence peuvent vous aider à effectuer un choix. Le tableau de la page suivante vous décrit quelques ouvrages de référence.

Notez bien que, dans les bibliothèques, les ouvrages de référence sont regroupés dans une section à part et que vous ne pouvez pas les emprunter : **vous les consultez sur place.**

B) Les sources de documentation et d'information

1. Les livres

Ouvrages scientifiques, monographies, essais, manuels, voilà différents types de livres qu'on retrouve souvent dans les bibliographies des cours. Voyons leurs particularités :

— l'ouvrage scientifique décrit, analyse et compare des faits, présente des résultats, cite ses sources et les critique, justifie toute information;

— le manuel résume les connaissances dans une science, il s'adresse à des étudiants et se veut pédagogique;

— la monographie est une étude poussée, complète d'un sujet restreint;

— l'essai traite d'une question sans l'épuiser.

Les livres abordent les sujets plus en profondeur que presque toutes les autres formes de documents. Vérifiez l'année d'édition des livres que vous consultez. Plus l'édition est récente, plus les informations risquent d'être à jour et les interprétations approfondies.

Une bibliographie de base dans votre champ d'études produite par les bibliothécaires de référence peut vous être très utile.

Les ouvrages de référence

Type	Nature	Utilité
1. ENCYCLOPÉDIES GÉNÉRALES ET SPÉCIALISÉES, PAR EXEMPLE : — La grande encyclopédie Larousse — L'encyclopédie de la musique	Les encyclopédies rassemblent une grande partie du savoir de base dans tous les domaines. Dans celles tenues à jour, la documentation est de qualité. Pour exploiter une encyclopédie, il faut passer par les index (thèmes ou disciplines).	Obtenir une vue d'ensemble sur un sujet, des renseignements sur la théorie ou l'œuvre d'un auteur; situer le sujet dans un cadre général; se familiariser avec le vocabulaire et les concepts.
2. DICTIONNAIRES GÉNÉRAUX OU SPÉCIALISÉS DANS UNE DISCIPLINE, DICTIONNAIRES ENCYCLOPÉDIQUES ET BIOGRAPHIQUES, PAR EXEMPLE : — Dictionnaire de la langue pédagogique — Dictionnaire des biographies	Les dictionnaires regroupent toujours les informations dans l'ordre alphabétique.	Bien définir les termes de sa recherche, trouver d'autres définitions, des dates, des informations sur les auteurs.
3. ALMANACHS ET ANNUAIRES DE L'ACTUALITÉ OU GOUVERNEMENTAUX, PAR EXEMPLE: — L'annuaire du Québec et celui du Canada — L'état du monde en '82 (Maspéro) — Les annuaires des grandes encyclopédies	Les annuaires, comme le nom l'indique, sont des publications annuelles sur un ou plusieurs sujets.	Trouver des statistiques, des renseignements ponctuels en regard de l'actualité politique, économique, sociale.

2. Les périodiques

Les périodiques ont comme caractéristique de paraître selon une périodicité qui varie de l'un à l'autre. Il existe des revues d'actualité, d'information professionnelle, de recherche scientifique. Ces dernières comprennent des articles de chercheurs, des comptes rendus de congrès, des analyses de livres, des bibliographies, etc.

Les revues sont utiles pour leurs renseignements récents; elles renferment une information qui ne se retrouvera dans les livres que beaucoup plus tard. Les articles de revues traitent de sujets plus variés que les livres.

Dans votre champ de formation et dans ceux qui lui sont connexes, il existe sans doute plusieurs périodiques. La bibliothèque est abonnée à plusieurs revues.

On trouve des articles de périodiques dans les index de périodiques, les bulletins analytiques (abstracts), les bibliographies.

3. Les journaux

Les journaux, quotidiens et hebdomadaires, communiquent des informations sur l'actualité et la nouvelle locale, nationale, internationale.

Les grands quotidiens contiennent :

— des sections : par exemple : INFORMATIONS NATIONALES, LE MONDE, ÉCONOMIE ET FINANCE;

— une page éditoriale qui reflète la politique du journal;

— des chroniques régulières de journalistes qui n'engagent que leur responsabilité;

— une tribune libre dans laquelle on retrouve à la fois des opinions de lecteurs et des textes étoffés de spécialistes et de chercheurs.

À l'intérieur des différentes sections, des articles sont rédigés par les journalistes du quotidien, d'autres proviennent des agences de presse. Les sigles des agences sont situés sous le titre de l'article : APC pour Agence de presse canadienne, AP et UPI pour Associated Press et United Press International des États-Unis, etc.

4. Les publications gouvernementales et internationales

Ces publications prennent la forme de brochures, rapports, volumes, livres blancs, revues, etc. Elles proviennent de nos trois paliers de gouvernement, des sociétés d'état, des organismes internationaux, des gouvernements des autres pays. Leurs données et statistiques sont officielles.

Ces publications ne sont pas toujours inscrites dans les catalogues. Informez-vous auprès des bibliothécaires pour savoir où les trouver.

Les livres blancs, les rapports importants dans votre champ de formation peuvent vous fournir des renseignements utiles. Vous pouvez vous abonner à tout un matériel gratuit en provenance des ministères : journaux, revues, bulletins.

5. **Les thèses de maîtrise et de doctorat, les travaux des autres étudiants et étudiantes**

Les thèses font généralement une revue de littérature du sujet traité et fournissent, en principe, une bibliographie complète. Elles suggèrent des pistes pour la recherche. Si votre sujet est «spécial» et que vous trouvez peu de documentation, d'autres étudiants ont peut-être déjà fait des travaux qui s'en rapprochent.

Pour les trouver, demandez aux bibliothécaires les Répertoires de thèses, la liste des thèses de la Bibliothèque nationale d'Ottawa et celles des différents pays.

6. **L'information des centres de documentation**

Cette documentation ne se retrouve à peu près jamais dans les bibliothèques et les librairies. Vous y trouverez des dossiers de presse sur des thèmes, de la documentation en provenance d'organismes ou de groupes (mémoires, communiqués, manifestes, etc.). C'est souvent l'envers de la médaille des documents officiels.

Une visite dans un centre de documentation, une tournée des organismes, associations et groupes vous fourniront peut-être un abondant matériel.

7. **La documentation audio-visuelle**

La documentation audio-visuelle comprend les films, vidéos, diaporamas, disques, photos, caricatures, etc. Elle peut constituer la source la plus originale.

Une rencontre avec l'audio-vidéothécaire de votre institution, la consultation des catalogues des maisons de production, de la liste des films produits par des ministères, voilà autant de façons d'explorer le matériel audio-visuel.

8. **Les émissions de télévision et de radio**

Des séries spéciales (sur l'économie, l'éducation, l'écologie, etc.), des émissions hebdomadaires qui analysent l'actualité, des films peuvent vous intéresser.

La publicité des différents postes de radio et chaînes de télévision sur leurs propres émissions et les répertoires des cinémas vous renseigneront.

9. Les spécialistes, les témoins, les praticiens

Une discussion avec une personne qui a approfondi une question ou qui travaille dans un domaine depuis longtemps peut vous apporter des renseignements que vous ne trouverez pas ailleurs. L'entrevue est souvent une source d'informations riches et variées. Une conférence donnée dans un autre cours, un répertoire d'associations, une exposition dans un musée, un colloque peuvent aussi vous fournir un matériel différent.

10. Vos propres expériences, connaissances, lectures, réflexions

Elles sont votre point de départ, ce n'est qu'après les avoir analysées et classées que vous vous engagerez dans la phase de recherche de documentation.

Pourquoi ne pas les partager, les discuter, les critiquer avec d'autres étudiants et étudiantes, avec des amis-es?

Les sources de documentation

- **Livres ou ouvrages :**
  manuels, monographies, essais, synthèses collectives, romans, etc.

- **Périodiques :**
  revues, sélections d'articles (anthologies), états de la question, bulletins d'associations ou d'organismes

- **Journaux :**
  quotidiens, hebdomadaires

- **Documents officiels :**
  publications gouvernementales et internationales

- **Thèses et travaux d'étudiants-e-s**

- **Information des centres de documentation, des groupes, des associations, des organismes**

- **Documentation audio-visuelle :**
  films, disques, photos, etc.

- **Émissions de télévision et de radio, films en salle**

- **Entrevues avec des spécialistes, praticiens, témoins**

C) Les instruments bibliographiques

Pour identifier des documents pertinents par rapport au sujet choisi, vous pouvez utiliser divers instruments bibliographiques. Toutefois, par ces instruments, vous ne pourrez accéder à toutes les sources de documentation existantes décrites précédemment.

1. Les bibliographies

Les bibliographies sont des listes de documents (livres, articles, etc.) sur un sujet donné. Elles peuvent être exhaustives (les références les plus nombreuses possibles) ou sélectives (les références jugées les plus appropriées). Elles peuvent aussi être signalétiques (la liste des documents est simplement donnée), analytiques (un résumé est fourni) ou critiques (des jugements sont portés).

Les bibliographies les plus utilisées sont celles distribuées lors des cours. On peut aussi en trouver dans les livres, les revues, les thèses; à la bibliothèque (auprès des bibliothécaires de référence). Il existe aussi des bibliographies générales : **Canadiana, Bibliographie des bibliographies québécoises.**

Si votre professeur n'a pas commenté sa bibliographie, vous pouvez lui demander de le faire : il peut vous suggérer les documents qui vous permettront de vous familiariser avec le vocabulaire et le contenu du cours; il peut identifier les «classiques», les états de la question, les documents contradictoires. Certains ouvrages, très courus, ne sont pas disponibles à la bibliothèque : peut-être qu'alors votre professeur pourra vous en suggérer d'autres.

2. Les catalogues de la bibliothèque

Les catalogues permettent de repérer les documents de la bibliothèque par différentes catégories d'accès : auteurs, titres, sujets, collections, cotes, vedettes-matières, etc. Le ou les catalogues de la bibliothèque de l'institution que vous fréquentez sont peut-être informatisés. Si oui, informez vous auprès des préposés-es, si des séances d'initiation sont offertes par les bibliothécaires.

3. Les index de périodiques et de journaux

Les index ou répertoires dépouillent les articles de plusieurs revues ou journaux et en font la liste. On peut trouver dans leur table des matières les articles par titres, par sujets ou par auteurs; parfois ils contiennent aussi des résumés d'articles (abstracts). Il existe des index généraux ainsi que des index spécialisés pour chaque discipline. Les bibliothécaires peuvent vous initier à la recherche dans les index.

Voici quelques index généraux qu'on retrouve généralement dans les institutions d'enseignement :

— pour les revues francophones du Québec : **Radar** qui est produit depuis 1971; la liste des 130 revues dépouillées est au début de l'index;

— pour les revues francophones : **Périodex** qui contient des résumés d'articles de 200 revues;

— depuis 1984 **Radar** et **Périodex** ont été regroupés en un seul index : **Point de repère.**

— pour les journaux : **Index de l'actualité** qui dépouille *Le Devoir, La Presse, Le Soleil.*

Il faut commencer par choisir l'index pertinent à sa recherche, lire les explications, puis rechercher le ou les articles désirés soit par sujet, soit par auteur. Dans un deuxième temps, il s'agit d'établir la référence, de localiser le périodique et de le consulter sur place. N'hésitez pas à demander l'aide des bibliothécaires de référence si vous avez du mal à vous y retrouver.

2. Les bibliothèques de votre institution

Combien existe-t-il de bibliothèques dans votre institution? Où sont-elles? Quelle est leur spécialité? Est-ce qu'il y a aussi des centres de documentation? Dans quels champs d'études? Où retrouvez-vous les publications gouvernementales et internationales, l'audio-vidéothèque, la cartothèque, les livres rares, les archives?

Les réponses à ces questions vous feront économiser du temps lors d'un travail de recherche. Consultez les personnes-ressources de la bibliothèque centrale de votre institution; vous en profiterez alors pour vous renseigner aussi sur les heures d'accueil, les services offerts et les règlements concernant le prêt.

Les bibliothèques, c'est un monde à exploiter, un lieu d'apprentissage à découvrir.

Pourquoi ne pas :

— explorer la bibliothèque centrale, prendre connaissance des «nouveautés»;

— visiter un centre de documentation qui vous intéresse;

— consulter, à l'occasion de vos travaux, le ou la bibliothécaire de référence spécialisé-e dans votre discipline.

Mais auparavant, n'oubliez pas de vous informer des activités de formation offertes par le Service des bibliothèques de votre institution : initiations individuelles, collectives, visites guidées, etc.

3. Quelques «palais du livre»

Il existe d'autres lieux d'information que ceux de votre institution. Ils sont parfois situés plus près de votre domicile. Ils méritent souvent d'être visités. Qui dit que vous n'y trouverez pas le ou les fameux documents jamais disponibles dans l'institution que vous fréquentez?

Dresser la liste des lieux d'information qui vous intéressent en complétant le tableau suivant:

Type de lieux d'information			
1. Les autres universités			
2. Les cégeps			
3. Les gouvernements et leurs ministères	Bibliothèque nationale du Québec	1700, St-Denis Montréal	873-4553
	Librairie Les publications du Québec	Complexe Desjardins	
4. Les bibliothèques municipales			
5. Le parapublic, les sociétés d'état (CSSMM, Hydro-Québec, Radio-Canada, Conseil du statut de la femme, etc.)			
6. Les centrales syndicales	Librairie du service de documentation CSN	1601, de Lorimier Montréal	598-2151
	Centre de documentation CEQ	2336, Chemin Ste-Foy, Québec G1V 4E5	658-5711
7. Les corporations professionnelles			
8. Les groupes populaires, les associations			
9. Les compagnies			
10. Les librairies, les éditeurs spécialisés			

Quoi d'autres? Les bibliothèques de vos amis-es, des autres étudiants-es, etc.

RÈGLEMENTS

Tout ce qui est édité au
Québec.

Consultation sur place

Se retrouver dans une librairie

Les librairies sont très fréquentées par les étudiants. Ils y trouvent le livre nécessaire pour une recherche, découvrent les dernières parutions, reprennent contact avec des auteurs oubliés. Voici quelques indications pour vous retrouver dans une librairie.

La plupart des librairies ont le même classement général. Des panneaux de signalisation au-dessus des sections indiquent les grandes divisions par matières. Les matières sont parfois divisées à nouveau en sujets, exemple : étude des arts (matière), musique (sujet). À l'intérieur de chaque section, les livres sont rangés par ordre alphabétique d'auteur; les ouvrages collectifs sont placés à la fin ou au début de la section.

Certains livres peuvent être classés à différents endroits parce que leur sujet est décloisonné. Il peut donc être utile de visiter des sections dont les thèmes se recoupent : économie et administration par exemple, psycho-éducation et formation des maîtres. N'oubliez pas non plus la section des nouveautés et le comptoir que les libraires dressent sur des thèmes particuliers.

Certaines collections *(que sais-je? Point)* font l'objet d'un classement spécial. Elles sont regroupées et classées par ordre numérique. Un catalogue cartonné des titres ou auteurs permet de trouver le numéro et de repérer facilement un livre.

Même si vous vous retrouvez bien dans une librairie, vous serez parfois obligé de demander l'aide du libraire. Il pourra vous répondre plus rapidement si vous possédez les informations de base : titre, auteur, maison d'édition. Si vous ne les possédez pas, vous pouvez consulter, sur place, le répertoire des livres disponibles (en français, en anglais) qui regroupe les ouvrages par auteur, par titre ou par sujet. La consultation de ce répertoire vous évitera de chercher un document épuisé. Pour une parution récente, référez-vous à la brochure *Livre-Hebdo* qui répertorie tous les livres francophones parus dans la semaine. Enfin, n'oubliez pas que si un livre n'est pas à la librairie, vous pouvez le faire commander.

4. Une démarche pour gagner du temps

Vous ne pouvez peut-être pas consacrer beaucoup de temps à la recherche documentaire. Pour trouver une information suffisante et des idées intéressantes sans perte de temps, nous vous proposons une démarche : il s'agira de la modifier, de la compléter selon vos besoins.

PREMIER TEMPS :

Identifier un sujet qui vous intéresse

— Situer vos intérêts personnels et professionnels, vos expériences, vos projets; cerner les lacunes dans votre formation et les questions restées sans réponse.

— Vous renseigner sur des sujets répondant à des besoins déjà identifiés par des groupes, par des organismes, si l'utilité sociale est un aspect qui vous préoccupe.

— Vérifier les possibilités de travailler en équipe, si cela vous intéresse.

— Une fois le sujet identifié, faire le bilan de vos lectures et connaissances; faire l'inventaire de la documentation que vous possédez déjà.

Il s'agit d'analyser vos connaissances et de préciser votre point de vue. La documentation vous amènera par la suite à les confronter.

DEUXIÈME TEMPS :

Vous représenter le sujet et le situer dans un cadre général

— Utiliser des ouvrages de référence : encyclopédies, dictionnaires, etc.

— Consulter des ouvrages d'ensemble (un manuel, une grande collection) et en lire des chapitres choisis.

Il s'agit de vous faire une idée de la théorie ou de l'oeuvre d'un auteur; de trouver des renseignements, des définitions, des statistiques qui vous serviront pour la réalisation de votre travail et peut-être surtout pour son introduction.

TROISIÈME TEMPS :

Connaître l'état de la question ou l'évolution d'une idée

— Parcourir, un livre blanc, une synthèse collective ou une thèse; on y trouve souvent des pistes de recherche ainsi que des bibliographies qui serviront dans l'étape suivante.

C'est le moment de décider du type de travail et des objectifs, de formuler des questions ou des hypothèses, de faire un plan provisoire et d'identifier des mots-clés pour la recherche dans les catalogues ou les index.

QUATRIÈME TEMPS :

Chercher de l'information spécialisée et exhaustive

— Demander au professeur, au bibliothécaire de référence, aux autres étudiants ou à des gens du métier de vous suggérer des livres.

— Prendre comme point de départ la bibliographie d'une thèse récente ou d'un livre récent.

— Utiliser des instruments bibliographiques.

C'est le moment de restreindre ou d'élargir le sujet compte tenu de la documentation disponible et de remanier le plan (vous pouvez noter comment votre sujet est subdivisé dans les livres, les bibliographies). Il s'agira ensuite de prendre des notes de lecture en tenant compte des parties de votre plan.

CINQUIÈME TEMPS :	SIXIÈME TEMPS :
Prendre connaissance des recherches et analyses récentes — Passer aux revues et journaux. — Rencontrer un-e spécialiste. **Il s'agit de donner un caractère d'actualité à votre recherche.**	**Chercher des exemples, regarder les deux côtés de la médaille, vous alimenter à des expériences vécues.** — Visiter un centre de documentation. — Discuter avec une personne du métier ou des usagers. — Chercher des illustrations, des photos, etc. **Il s'agit de donner à votre travail la dimension de la vie réelle.**
SEPTIÈME TEMPS :	TOUT AU LONG DU TRAVAIL ET PENDANT LA RÉDACTION
Sortir des sentiers battus — Faire des lectures connexes. — Reprendre le sujet différemment, sous un autre angle. **Vous pourrez préparer une conclusion originale et ouvrir d'autres pistes de recherche.**	**Trouver des synonymes; vérifier l'orthographe d'un mot, une règle de grammaire.** — Utiliser une grammaire. — Utiliser des dictionnaires de la langue, de synonymes, étymologique, analogique, du français contemporain, bilingue. **Il s'agit de produire un texte intéressant à lire.**

5. Comment indiquer des références bibliographiques

ou ne pas chercher à nouveau ce qu'on a déjà cherché et trouvé

Vous avez griffonné sur le syllabus de votre cours des références suggérées par le professeur, sur des bouts de papier épars les livres qui vous ont été suggérés par des amis-es. Si tel est le cas, vous risquez, plus tard, d'avoir à faire des fouilles «archéologiques» pour retrouver ces précieux renseignements.

Quand vous avancez dans la recherche de documents, il vous faut dresser une bibliographie provisoire. Pourquoi ne pas utiliser des fiches? Cette méthode permet de retrancher ou d'ajouter aisément des titres selon l'évolution du travail. Vous pouvez bien sûr choisir une autre méthode; l'important est de consigner le plus tôt possible vos références bibliographiques. Ainsi vous aurez tout votre matériel en main lorsque vous dresserez votre bibliographie définitive. **Cette dernière toutefois**

ne contiendra que les documents réellement utilisés afin que ceux qui liront votre travail sachent à quoi s'en tenir. Vous y ajouterez la liste des personnes ou organismes consultés, s'il y a lieu.

La bibliographie se place généralement à la fin du travail, avant les annexes quand il y en a.

Règle générale, on indique les références bibliographiques de la manière suivante :

QUI?	— le nom de l'auteur, son prénom
	  • s'il y a deux auteurs, exemple : CÉZAR, Jules et TREMBLAY, Cléopâtre *ou* CÉZAR, Jules et Cléopâtre TREMBLAY
	  • s'il y a plus de deux auteurs, exemple : CÉZAR, Jules et autres

QUOI?	— le titre de l'ouvrage (souligné), le sous-titre s'il y en a un
OÙ?	— le lieu d'édition — la maison d'édition — la collection s'il y a lieu (entre guillemets)
QUAND?	— l'année de publication (le copyright ou le dépôt légal)

— le nombre de pages
— la cote de la bibliothèque pour pouvoir retrouver le livre.

Dans les cas où l'on n'indique pas la date, écrire s,d, (sans date).

Tous les éléments contenus dans une référence bibliographique sont suivis d'une virgule sauf l'identification de l'auteur qui est suivie d'un point.

Exemples de références bibliographiques

Livres :

D'EAUBONNE, Françoise. Histoire et actualité du féminisme, Paris, éditions Alain Moreau, 1972, 399 pages.

Articles de revues :

PONTBRIAND, Michèle. «Santé minimum garantie. Colloque sur la santé des travailleuses», La vie en rose, n° 12, juillet 1983, pp. 12-13.

Articles de journaux :

COUSINEAU, Louise. «Remplacer un homme, mais gagner moins cher que lui», (chronique), La Presse, vol. 99, n° 141, samedi 18 juin 1983, cahier B, p. 24.

Documents audio-visuels :

POIRIER, Anne-Claire. Mourir à tue-tête, film 16mm, couleur, 95 min. 55 sec., Montréal, O.N.F., 1980.

Thèses :

LANCTÔT, Mireille. «Questionnement sur l'écriture féminine», thèse de maîtrise, Université du Québec à Montréal, 1977, 119 pages. Non publié.

Publications gouvernementales :

Conseil du statut de la femme. Pour les Québécoises : égalité et indépendance, Québec, Éditeur officiel, 1978, 335 pages.

Gouvernement du Québec, Ministère de l'Éducation. L'enseignement primaire et secondaire au Québec, livre vert, Québec, 1977, 147 p.

Différents types de bibliographie

Il existe différentes façons de regrouper les documents dans la bibliographie. Vous pouvez opter pour celle qui correspond le mieux à votre travail; il s'agit d'indiquer la formule retenue.

— par ordre alphabétique	pour une présentation globale de la documentation
— par type de document	surtout quand des documents autres que les livres ont été très utilisés
— par chapitre de travail	quand chaque section a une documentation qui lui est propre
— par ordre chronologique des documents	pour faire ressortir l'évolution d'une idée

6. Comment sélectionner ses lectures :
ce n'est pas parce que l'on a un document en main qu'on doit l'utiliser

À moins que le sujet soit très restreint ou que vous disposiez d'un temps considérable, vous aurez à effectuer une sélection des documents à lire. **Il est préférable d'avoir des critères** pour comparer, choisir et ordonner vos lectures; il est bon aussi d'avoir des critères pour évaluer les documents pendant ou après la lecture.

A) Des critères pour le choix

1. Le fond

Vous retenez ceux qui vous conviennent, vous complétez :

— Est-ce un livre qu'on recommande ou qui provoque des discussions?

— L'auteur expose-t-il le but de son travail? Parle-t-il de ses expériences, de ses motivations?

— Cerne-t-il bien ses questions, les problèmes traités et leurs différentes facettes?

— Présente-t-il clairement sa position?

— Distingue-t-il ses opinions et ses jugements des faits et des événements? Justifie-t-il ses affirmations? Les renseignements fournis sont-ils suffisants et exacts?

— L'argumentation est-elle solide et convaincante?

— La pensée est-elle originale?

— L'auteur propose-t-il des solutions de changement?

Il est parfois difficile de répondre à ces questions avant d'avoir lu les documents; il vous faut donc exercer votre pensée critique durant la lecture. Le livre est à démystifier; une chose publiée n'est pas automatiquement vraie, intéressante et pertinente. Les «classiques» ne sont pas toujours stimulants, les dernières parutions ne sont pas toujours synonymes d'originalité.

En variant vos sources, en comparant des idées, en vous alimentant à des textes contradictoires ou à des approches différentes, vous en arriverez à une meilleure compréhension du sujet.

2. La forme

— Le style est-il vivant, le niveau de langage compréhensible?

— Les termes techniques ou spécialisés sont-ils définis ou expliqués?

— Y a-t-il des redites, des longueurs?

Un ouvrage n'est pas nécessairement de qualité supérieure s'il est rédigé dans un style indigeste, dans un jargon ultra-spécialisé. Toute personne qui écrit devrait faire l'effort nécessaire pour que le lecteur ou la lectrice averti-e, qui n'est pas du cercle étroit des initiés, puisse l'accompagner dans sa réflexion et sa démarche. Après un effort de compréhension, si vous n'arrivez pas à saisir la pensée de l'auteur, vous avez peut-être intérêt à passer à un autre ouvrage.

3. La pertinence par rapport au travail

— Les renseignements que vous cherchez sont-ils contenus dans le livre?

— Les questions que vous vous posez y sont-elles abordées?

— Des chapitres peuvent-ils alimenter votre introduction, votre conclusion?

En vous documentant, il se peut que vous tombiez sur un sujet connexe au vôtre qui vous intéresse et vous motive davantage. Si tout ce que vous avez le goût de lire doit être éliminé parce que non pertinent au sujet de votre travail, vous avez peut-être avantage à changer de cap.

4. Critères personnels

— L'intérêt que vous portez à l'auteur, à la maison d'édition, votre goût de lire ce livre;

— les liens entre l'ouvrage, ce que vous avez déjà lu sur le sujet et ce que vous vous proposez de lire;

— la facilité à vous procurer le document, à l'emprunter, à en photocopier des parties;

— le nombre de pages, la grosseur des caractères.

Toutes sortes de critères peuvent intervenir. **En identifiant les éléments qui sont importants pour vous, vous rendrez vos lectures plus productives et plus agréables.**

Pour évaluer un livre, sa pertinence par rapport au travail à faire, la lisibilité de son contenu et pour identifier ses parties les plus utiles, il n'est pas nécessaire de le lire en entier : **une exploration peut suffire.**

B) Comment explorer un livre.

Voir le chapitre La lecture efficace, partie 1, point A : **Faire une lecture sélective p. 57.**

7. Indiquer ses sources

Voici le moment de rédiger votre travail. Il faut fournir la référence de vos sources; le faire c'est rendre à Cléopâtre ce qui appartient à Cléopâtre. De plus, cela contribue à augmenter le poids de vos arguments. Les méthodes suggérées ici sont surtout utilisées en sciences humaines; si vous étudiez en sciences pures ou appliquées, vous auriez intérêt à consulter les pages 196-197-198 du chapitre 15.

A) Les citations et les autres références

Quand vous citez, vous reproduisez textuellement un extrait en guise d'illustration de la pensée d'un auteur ou comme preuve à l'appui d'une affirmation que vous faites. Vous placez la citation entre guillemets puis vous fournissez la référence dans une note en bas de page. Si vous retranchez des mots, vous mettez à leur place des points de suspension entre parenthèses (...); si vous ajoutez d'autres informations, vous les placez également entre parenthèses, exemple: «ils (les instruments didactiques) présentent une image très stéréotypée des hommes et des femmes».

Si les citations sont courtes — moins de cinq lignes — vous les intercalez dans le texte entre guillemets. Pour faciliter la lecture, il est préférable de mettre en évidence les citations les plus longues en les dactylographiant à simple interligne et un peu en retrait du texte tel que nous l'avons fait avec l'exemple ci-dessous et sans les guillemets.

À la fin du siècle, l'université McGill n'admet les femmes qu'à son école normale et qu'à sa faculté des Arts. Les autres facultés de cette université sont fermées aux femmes. En milieu francophone, la situation est encore plus désastreuse : les femmes ne sont admises à l'université que pour y écouter les conférences. [1]

N'oubliez pas d'en indiquer la référence au bas de la page.

Quand vous vous inspirez d'un auteur sans le citer littéralement, vous faites une note en bas de page commençant par «**d'après**» ou «**cf**», suivi de la référence.

Voici deux méthodes fréquemment utilisées pour indiquer des références bibliographiques :

le plus simple : numéroter sa bibliographie, puis utiliser ces numéros pour les références en indiquant la page (Voir **Une méthode** dans le tableau de la page suivante).

la classique : inscrire la référence au complet lorsqu'on l'indique pour la première fois. Lorsqu'on doit répéter la même référence immédiatement, on emploie alors **ibid.** (ou ibidem) seul, s'il s'agit de la même page, ou avec l'indication de la page, s'il s'agit d'une page différente. Lorsqu'on doit revenir à une référence après en avoir indiqué d'autres, on emploi **op. cit.** s'il s'agit d'un livre, et **loc. cit.** s'il s'agit d'un article de périodique précédés du nom de l'auteur et suivis de la pagination. (Voir **Une autre méthode** dans le tableau ci-dessous).

Il existe plusieurs autres méthodes pour indiquer les références. Quelle que soit la méthode que vous utiliserez, l'important c'est de conserver la même tout au long du travail.

Exemples d'indication de références

Une méthode

1.   Document 2. p. 53

2.   ''   3. p. 111

3.

BIBLIOGRAPHIE

1. _____

2. DE BEAUVOIR, Simone. Le deuxième sexe, tome 2, Paris, éditions Gallimard, coll. «Idées», 1949, 204 pages.

3. HAUTECOEUR, J.-P. «Le point sur l'alphabétisation au Québec», Revue internationale d'action communautaire, n° 43, printemps 1980, pp. 111-125.

4. _____

5. _____

Une autre méthode

1.   DE BEAUVOIR, Simone. Le deuxième sexe, tome 2, Paris, éditions Gallimard, coll. «Idées», 1949, p. 340.

2.   HAUTECOEUR, J.-P. «Le point sur l'alphabétisation au Québec», Revue internationale d'action communautaire, n° 43, printemps 1980, pp. 111-112.

3.   Ibid., p. 220.

4.   DE BEAUVOIR, Simone. Op. cit., p. 400.
5.   HAUTECOEUR, J.-P. Loc. cit., pp. 113-114.

B) Les notes de commentaires

Les notes en bas de page (infra-paginales) servent aussi à donner des commentaires, des explications, des renseignements qui alourdiraient trop le texte s'ils y étaient inclus. Cependant si vous constatez que le tout a rendu la lecture plus difficile qu'il ne l'a facilitée, il serait sans doute préférable de réorganiser le texte pour y inclure le contenu des notes.

8. La documentation comme ressourcement continu

Vous vous êtes documenté pour produire des travaux dans vos cours. Une fois vos études terminées, **la démarche de documentation pourrait se prolonger** et constituer un moyen parmi d'autres de ressourcement continu. Si cela vous intéresse, voici quelques suggestions.

Il vous faut d'abord répondre aux questions suivantes : dans quels domaines et sur quels sujets voulez-vous vous documenter constamment? Quels types de documentation désirez-vous, complète ou sélective?

Il s'agit ensuite de faire un bilan :

— ce que vous possédez déjà comme documentation : ouvrages, notes de cours, textes photocopiés, etc.;

— ce qui encombre inutilement vos tablettes;

— ce que vous avez déjà lu et ce que vous vous proposez de lire;

— ce que vous voulez vous procurer : des «classiques», des livres de base, des nouveautés, etc.;

— les revues auxquelles vous êtes abonné et celles auxquelles vous souhaiteriez vous abonner;

— les congrès et colloques auxquels vous assisterez.

Puis le temps est venu d'identifier et d'exploiter de nouvelles sources de documentation, de nouvelles façons de traiter l'information.

Voici quelques idées :

— vous familiariser avec différentes maisons d'édition et demander les catalogues de celles que vous préférez;

— lire la chronique des nouveaux livres et la publicité des éditeurs dans les quotidiens;

— dépouiller les articles des revues auxquelles vous êtes abonné;

— exploiter systématiquement un journal, monter des dossiers de presse ou des dossiers visuels (photos, caricatures);

- vous faire inscrire sur la liste d'envoi de revues, journaux, bulletins produits par des organismes publics et para-publics; remplir les bons de commande quand on y annonce la parution de rapports, livres blancs, etc.;
- passer à intervalles réguliers chez l'éditeur officiel du Québec;
- monter des dossiers sur des sujets qui vous intéressent : notes de lecture, coupures de journaux, articles photocopiés;
- prendre l'habitude de fréquenter une bibliothèque;
- recueillir la documentation offerte lors des congrès, colloques, expositions;
- organiser un système de prêts de livres entre amis-es, des soirées d'échange sur des lectures.

Il ne vous reste qu'à gérer votre documentation. Plusieurs classent leur matériel par thèmes et sous-thèmes; par exemple : éducation (thème) et histoire, théories, expériences pédagogiques, documents ministériels, matériel didactique, etc. (sous-thèmes). Peu importe le système retenu, l'important c'est que vous puissiez mettre la main rapidement sur une référence, sur un texte ou un livre.

Pour une utilisation rapide des références ou des lectures, vous pouvez inscrire quelques renseignements sur des fiches :
- nom des personnes qui vous les ont suggérées et leurs commentaires;
- date de lecture, le cas échéant;

rédiger quelques commentaires du type :
- «ouvrage de base»
- «beaucoup d'exemples»

préciser l'endroit où trouver le document.

Par la suite, il s'agira d'évaluer périodiquement votre documentation et de modifier votre système de classement, si nécessaire. Si vous ne le faites pas régulièrement, profitez d'un déménagement pour le faire...

BIBLIOGRAPHIE

Livres

BERNATENE, H.. Comment concevoir, réaliser et utiliser une documentation, Paris, éditions d'Organisation, 1971, 121 pages.

BERNIER, Benoît. Guide de présentation d'un travail de recherche, Montréal, PUQ, 1979, 55 pages.

BOISSONNAULT, Pierre et autres. La dissertation, outil de pensée, outil de communication, Québec, éditions La lignée, 1980, 255 pages.

BOUCHER, Raymond et Marcel MIGNAULT. Les étapes de la rédaction d'un travail en bibliothèque, La Pocatière, Société de stage en bibliothéconomie, 1978, 96 pages.

CARETTE, Roger. Méthodologie du travail intellectuel : la recherche en bibliothèque, le travail de recherche, Montréal, éditions Beauchemin, 1972,

CAZA, Gérald. Manuel d'initiation à la méthode du travail intellectuel, Sherbrooke, éditions Gérald Caza, 1977, 122 pages.

DESVALS, Hélène. Comment organiser sa documentation scientifique, Paris, éditions Gauthier-Villars, 1978, 271 pages.

HUMBLET, Jean E.. Comment se documenter, Paris, éditions Fernand Nathan, 1978, 183 pages.

MIGNAULT, Marcel. Les chemins du savoir, tomes 1 et 2, La Pocatière, Société de stage en bibliothéconomie de la Pocatière, 1979, 124 pages et 188 pages.

REBOUL, Jacquette. Du bon usage des bibliographies, Paris, éditions Gauthier-Villars, 1973, 239 pages.

**Guides méthodologiques,
niveau collégial**

FORTIN-LINCK, Louise. Guide méthodologique. Méthode de travail intellectuel, Collège Bois-de-Boulogne, Éducation des adultes, juillet 1979, 188 pages.

OSTIGUI, Jean. Un coup de main à l'étudiant ou comment apprendre mieux, Collège de Valleyfield, Éducation des adultes, Service d'aide à l'apprentissage, juin 1980, 54 pages.

En collaboration. Guide méthodologique, cours de français et de philosophie, Cegep de Trois-Rivières, s.d., 34 pages.

En collaboration. Documents pédagogiques 2. Cahier méthodologique par un groupe de professeurs du département de philosophie, Collège de Maisonneuve, coll. «Documents de Maisonneuve», s.d., 27 pages.

En collaboration. <u>Méthode de travail intellectuel, recueil de textes,</u> Université de Montréal, Faculté de l'Éducation permanente, Propédeutique, 1980, 83 pages.

En collaboration. <u>Les travaux au Cegep, guide méthodo-logique,</u> Cegep de Saint-Jérôme, juin 1983, 116 pages.

En collaboration. <u>Guide pour la présentation des travaux écrits,</u> Collège de Sorel-Tracy, septembre 1981, revu et corrigé en mars 1983, 30 pages.

**Guides méthodologiques,
niveau universitaire**

JACOB, André. <u>Comment faire des travaux acadé-miques,</u> Cahier pédagogique à l'usage des étudiants en travail social, UQAM, 1983, 52 pages.

UQAM, Famille économie/administration. <u>Guide pour la préparation des travaux universitaires,</u> 1975, 12 pages.

UQAM, Département des sciences de l'éducation, Comité du 1er cycle. <u>Guide de présentation des travaux écrits,</u> 1981, 5 pages.

BAZINET, Jeanne et autres. <u>Pré-enquête sur la forma-tion documentaire en milieu universitaire,</u> Université de Montréal, école de bibliothéconomie, facultés des arts et des sciences, avril 1983, 101 pages.

LA LECTURE EFFICACE

rédigé par Ginette Lépine

La lecture est une corvée pour les personnes qui lisent lentement et doivent constamment relire pour garder le fil des idées ainsi que pour celles qui n'arrivent pas à tirer d'un tout les informations qui leur sont nécessaires. Ce chapitre proposera des moyens pour rendre vos tâches de lecture plus intéressantes et productives, en vue d'une pratique de lecture diversifiée et significative.

Nous traiterons ici de lecture compréhensive, c'est celle dont vous aurez besoin lors de vos études et travaux, celle qui vous servira à assimiler des informations et des connaissances.

1. Avant de commencer un livre

Certaines conditions matérielles aident à mieux lire. L'éclairage doit être adéquat, le lieu propice à la concentration, le livre doit être tenu à une distance d'environ 16 pouces des yeux. La préparation mentale est tout aussi nécessaire pour développer l'efficacité de la lecture. Il est préférable de se faire préalablement une idée du contenu, de se donner des objectifs de lecture et de prévoir une répartition du temps de lecture.

A) Faire une lecture sélective

Pour évaluer la pertinence d'un ouvrage par rapport au travail à faire, la lisibilité de son contenu et pour identifier ses parties les plus significatives, explorez-le en faisant une lecture sélective. Cette dernière a une double fin : sélectionner ses lectures et se mettre en train pour une lecture obligatoire.

Lecture sélective

1. **Lire l'endos du livre;** vous y trouverez peut-être une courte biographie de l'auteur, un bref résumé ou un commentaire de son livre.

2. **Lire la page derrière la page-titre;** vous y trouverez ce que l'auteur a écrit et ce qu'il projette d'écrire : «du même auteur» et «ouvrages en préparation».

3. **Noter le copyright ou le dépôt légal du livre et le nombre d'éditions;** ainsi vous situerez l'ouvrage dans le temps et vous aurez une petite

idée de son impact.

4. **Prendre connaissance de la table des matiè-res;** elle vous renseignera sur la manière dont l'auteur a découpé son sujet, son thème, son contenu; parfois sur la manière dont il chemine. Vous pourrez identifier les chapitres qui vous intéressent plus particulièrement.

5. **Lire la préface;** elle est écrite généralement par un spécialiste, elle sert à situer et présenter le nouvel ouvrage et son auteur.

6. **Repérer les «poteaux indicateurs»,** c'est-à-dire les titres, sous-titres, les mots ou expressions en caractères gras ou en italiques, les photos qui illustrent le contexte décrit, les graphiques qui fournissent des synthèses visuelles.

7. **Lire l'index** qui indique à quelle page l'auteur traite de tel sujet, telle personne, tel lieu; le glossaire ou le lexique où l'on trouve la définition des termes spécialisés utilisés.

8. **Lire le chapitre d'introduction et le chapitre de conclusion;** vous aurez une idée du point de départ et du point d'arrivée de l'auteur, vous saurez dans quel style il a rédigé son texte. Dans l'introduction, l'auteur précise ses motivations, ses objectifs, les grandes lignes de son ouvrage, les difficultés rencontrées, la méthode utilisée et la population-cible. Un avant-propos ou un avertissement au lecteur remplace parfois l'introduction. La conclusion résume l'ouvrage, soulève les questions à approfondir, ouvre des perspectives.

9. **Prendre connaissance du premier paragraphe de chaque chapitre** qui situe généralement le contenu du chapitre et le met en relation avec les précédents.

10. **Vérifier si, à la fin de chaque chapitre, l'auteur n'a pas lui-même résumé ce chapitre;** pour ce faire, lire attentivement les derniers paragraphes de chaque chapitre.

Une fois ce survol effectué, vous devriez savoir à quel type d'ouvrage vous avez affaire, ce que signifie le titre et ce que veut démontrer l'auteur.

B) Établir des objectifs de lecture

Il vous faut maintenant préciser vos motivations et vos objectifs de lecture. Les questions qui suivent pourront vous aider à le faire.

— *Quelles sont les raisons qui me poussent à entreprendre cette lecture?*

— *Ce document correspond-il à mes intérêts, rejoint-il mes préoccupations?*

— *Qu'est-ce que je connais du sujet?*

— *Quelles sont les questions auxquelles je cherche*

des réponses?

— *Quels sont les renseignements, les faits, les exemples, les statistiques dont j'ai besoin?*

— *Quels sont les chapitres qui m'intéressent particulièrement?*

2. La lecture active

Après avoir déterminé ce que vous voulez lire et dans quel but, vous passez à la lecture de l'ouvrage ou des passages choisis. Soyez un lecteur le plus objectif possible : tentez de comprendre les idées véhiculées par l'auteur, son message. Méfiez-vous de vos préjugés, ils sont souvent la cause d'interprétations fantaisistes ou erronées. Les parti-pris peuvent conduire le lecteur à ne considérer qu'une partie des informations livrées, qu'un aspect du message de l'auteur. Soyez donc un lecteur vigilant, ce qui ne vous empêchera pas d'être également un lecteur engagé. Mobilisez vos capacités intellectuelles, réagissez au texte, comparez les idées aux vôtres, jugez de la qualité de l'information, anticipez la suite.

A) Réagir au texte en l'annotant

Voici quelques consignes pour vous engager dans une lecture active :

— **souligner** les idées principales et les idées secondaires qui viennent les appuyer;

— **utiliser** l'accolade pour identifier les passages intéressants et noter les numéros des pages importantes;

— **encercler** les statistiques, les dates, les noms de personne, les définitions;

— **être attentif** aux mots-clés : **de plus, en outre** ajoutent une idée; **cependant, par ailleurs** expriment une opposition ou une restriction; **considérant, attendu** motivent un jugement; **ainsi** annonce un exemple...;

— **écrire** ses commentaires, critiques et questions;

— **parler** d'une section lue avec une personne de son entourage;

— **interrompre** une lecture qui ne suscite aucun intérêt, réfléchir sur ses motivations ou chercher une source d'information plus stimulante;

— **quitter** provisoirement un ouvrage qui nécessite des préalables (que vous n'avez pas); vous pouvez consulter un autre ouvrage ou votre professeur, puis revenir ensuite au premier ouvrage.

Après chaque chapitre :

— Résumer dans ses propres mots le chapitre : revoir ses annotations si nécessaire;

— Intégrer les informations nouvelles à ses connaissances, faire des liens avec d'autres lectures;

— Répondre aux questions qu'on s'était posées au début.

À la fin du livre :

— Résumer les idées essentielles en reliant les chapitres au thème central : un schéma produit à partir de la table des matières peut suffire;

— Relire les parties à approfondir;

— Vérifier si chaque question a été élucidée;

— Discuter du contenu avec d'autres étudiants.

B) Faire des fiches

Lorsqu'on lit avec l'intention de rédiger un texte, on a souvent besoin de prendre des notes. Certains annotent d'abord dans le livre, puis rédigent des fiches de lecture quand ils ont une connaissance suffisante du sujet. Cette façon de faire évite souvent de se retrouver avec un matériel surabondant. D'autres parviennent, lors d'une première lecture, à mettre sur fiches l'essentiel des informations dont ils ont besoin. Expérimentez les deux méthodes et optez pour celle qui vous convient le mieux.

Les fiches sur lesquelles on prend des notes en vue de la rédation d'un travail s'appellent **des fiches documentaires**. Le thème étant le sujet de votre travail, vous pouvez rédiger ces fiches par sous-thèmes (les parties de votre plan ou vos questions). Il est utile d'inscrire en haut de la fiche, le thème ou le sous-thème, et juste en-dessous le nom de l'auteur, le titre de l'ouvrage et les pages résumées ou commentées (voir ci-contre).

Les fiches de lecture peuvent devenir un instrument de travail collectif. Il s'agit de se partager les lectures, d'identifier les sous-thèmes qui orienteront la prise de notes, puis de s'échanger les fiches en les discutant et en les complétant.

Si faire des fiches ne vous plaît pas, essayez la technique du résumé en boucle. Après chaque chapitre, vous résumez la position de l'auteur, vous notez ses idées et ses arguments, vous relevez les exemples concrets. À la fin du livre, vous faites un résumé de vos résumés et vous ajoutez vos commentaires.

Que vous travailliez par fiches, sur des feuilles ou directement dans le livre, prenez le temps de bien réfléchir avant de prendre des notes... sinon vous aurez énormément de matériel à classer. Lorsqu'en lisant, vous vous faites les commentaires qui suivent, sans doute y a-t-il lieu de prendre des notes :

— cela sera utile à mon introduction, à ma conclusion;

— c'est essentiel à mon argumentation;

- cela appuie ou démolit mon hypothèse;
- c'est la réponse à une question que je me posais;
- j'aurais voulu y avoir pensé;
- il faut absolument que je m'en souvienne;
- c'est le meilleur exemple pour mon travail;
- je vais me servir de ce renseignement, de ces statistiques.

Fiches documentaires

1. La fiche de citation

Vous retranscrivez une ou quelques phrases en les mettant entre guillemets.

Retour aux études — Difficultés

FORTIN-LINCK, Louise. Guide méthodologique, p. 11.

«De plus en plus d'adultes retournent aux études et plusieurs d'entre eux font face à d'importants problèmes de méthodologie car l'école qu'ils ont connue a subi de profondes transformations».

---

2. La fiche de résumé

Vous reformulez dans vos propres mots la position d'un auteur, ses arguments, sa conclusion.

Retour aux études — Difficultés

FORTIN-LINCK, Louise. Guide méthodologique, p. 11.

Selon Louise Fortin-Linck, beaucoup d'adultes qui reprennent des études rencontrent des difficultés méthodologiques car l'institution scolaire dans laquelle ils se retrouvent n'est plus celle qu'ils ont connue.

---

3. La fiche de commentaire

Vous écrivez vos réactions, vos réflexions, vos jugements, vos critiques. Vous les placez entre crochets afin de ne pas confondre cette fiche de commentaire avec celle de résumé.

Retour aux études — Difficultés
FORTIN-LINCK, Louise. Guide méthodologique, p. 11.
[Beaucoup d'adultes qui retournent aux études rencontrent des difficultés méthodologiques, c'est sûrement vrai. Mais n'en est-il pas aussi de même pour les étudiants qui viennent directement du cégep?]

4. La fiche d'idées

Vous inscrivez des citations et commentaires en rapport avec les idées.

Retour aux études — Solutions méthodologiques
FORTIN-LINCK, Louise. Guide méthodologique, pp. 60-64.
1. Le travail d'équipe : bien choisir ses partenaires, bien gérer son temps (oui)
2. Avantages : plus d'idées et d'expériences, sujet plus approfondi (vraiment?)

3. La vitesse de lecture

Ceux et celles qui lisent efficacement varient leur vitesse de lecture selon la nature et la difficulté du texte et les objectifs qu'ils se sont fixés. Certaines parties peuvent être parcourues à vol d'oiseau, pour ainsi dire, alors que d'autres exigent une plus grande attention. Dans tous les cas, la lecture efficace permet de repérer l'information désirée et de comprendre rapidement le message de l'auteur. Règle générale, une lecture lente use l'intérêt et nuit à la concentration. Cependant, la lecture, même rapide, n'a de sens que dans la mesure où elle ne vous empêche pas de savourer certains passages et de vous arrêter afin de réfléchir.

Voici quelques suggestions afin d'améliorer votre rythme de lecture :

— éliminer les habitudes qui ralentissent la lecture : remuer les lèvres, prononcer les mots mentalement, faire glisser les doigts ou un crayon sur chaque mot, déplacer la tête de gauche à droite en lisant les lignes;

— essayer de déchiffrer le maximum de mots d'un seul coup d'œil et découper les phrases en groupes logiques plutôt que de s'arrêter à chaque mot isolé. C'est ce que vous faites dans une conversation : vous réagissez au sens général et aux idées, non à chacun des mots. En lecture, saisir du regard le plus grand nombre de mots à la fois améliore la vitesse et la compréhension;

— résister à la tentation de relire un passage et terminer le paragraphe même si la signification n'apparaît pas clairement. Il est possible qu'en cours de route vous obteniez les éléments nécessaires à votre compréhension ou que le sens d'un terme vous soit donné par le contexte; si tel n'est pas le cas, reprenez alors les paragraphes incompris et faites les recherches qui s'imposent dans un ou des dictionnaires;

— apprendre le sens des préfixes et des suffixes les plus usuels;

— lire les paragraphes en essayant de comprendre et d'anticiper la suite;

— porter attention au début et à la fin des divisions (paragraphe ou chapitre), l'information a tendance à y être concentrée;

— lire rapidement, une première fois, un texte difficile; tenter ensuite d'assimiler chacun des détails lors d'une relecture. Quand vous aurez une vue d'ensemble, les liens s'établiront plus facilement.

Si ce chapitre vous a aidé et motivé à lire et que vous visez une plus grande performance, essayez cette technique d'entraînement systématique : réservez quinze minutes par jour à un exercice de lecture. Commencez par des textes faciles et augmentez graduellement le rythme de la lecture et le niveau de difficulté des textes. Ayez soin de garder comme mesure une compréhension suffisante. Lire plus — peu importe le type de lecture — est l'une des clés pour améliorer votre vitesse.

BIBLIOGRAPHIE

BOSQUET, Robert. Savoir étudier. Méthode pour un travail personnel efficace, Paris, éditions Le centurion, coll. «Sciences humaines», 1969, 57 pages.

BUZAN, Tony. Une tête bien faite, Paris, éditions d'Organisation, 1979, 150 pages.

CARETTE, Roger. Méthodologie du travail intellectuel : des cours magistraux, la lecture, Ottawa, éditions Beauchemin, 1972, 61 pages.

CONQUET, André. Comment communiquer, Paris, éditions de l'Entreprise moderne, 1963, 186 pages.

CONQUET, André. Lisez mieux et plus vite, Paris, éditions du Centurion, 1962, 64 pages.

DE MEUR, Auguste. La méthode dans les études et dans la vie, Bruxelles, éditions A. de Bœch, 1977, 250 pages.

FORTIN-LINCK, Louise. Guide méthodologique. Méthode de travail intellectuel, Collège Bois-de-Boulogne, Éducation des adultes, juillet 1979, 188 pages.

LOBROT, Michel et Daniel ZIMMERMANN. La lecture adulte, Paris, éditions de l'Entreprise moderne, 1975, 100 pages.

Télé-université, Télé-guide, Québec, 1982, 106 pages.

ZIELKÉ, Wolfgang. Lire plus vite, lire mieux, Paris, éditions de l'Entreprise moderne, 1977, 238 pages.

6

LE RÉSUMÉ DE LIVRE

rédigé par Liliane Goulet

Quand on résume, que fait-on? On ramène à l'essentiel, on concentre en peu de mots; on cherche la clarté et l'exactitude. Quand on a dit cela, qu'a-t-on dit? À peu près rien, mais ce rien suffit à saisir la complexité d'un tel travail. Car enfin qu'est-ce que l'essentiel et comment le reconnaître? Comment distinguer le «contenu objectif» de l'interprétation que l'on peut en faire? Quand on sait que les auteurs d'ouvrages théoriques utilisent généralement une terminologie d'expert, une syntaxe complexe; que la plupart des livres à résumer sont avares de signes typographiques (caractères gras, sous-titres, «encadrés»...) pouvant faciliter la lecture; quand on sait cela, on peut présumer que résumer c'est une rude épreuve. Qu'à cela ne tienne! Il s'agira de comprendre, de s'aventurer dans la lecture avec des instruments et des techniques. Ensuite de repérer l'essentiel puis de presser le citron : d'exprimer en peu de mots une pensée qui s'est étalée sur des centaines de pages. Avec un constant souci de ne pas trahir l'auteur en question. Cela demande beaucoup d'amour à défaut de quoi une méthode rigoureuse devrait suffire!

Vous trouverez dans ce chapitre quatre types de résumé : le résumé informatif, le résumé analytique, le résumé critique et le résumé d'un ouvrage de fiction.

Voici deux étapes qu'il est préférable de franchir quel que soit le type de résumé à faire :

A. LA RECHERCHE SUR L'AUTEUR

B. LA LECTURE SÉLECTIVE DE L'OUVRAGE

A) La recherche sur l'auteur

Ce qu'il est préférable de connaître de sa biographie :

1. son époque, son contexte social;
2. ses expériences, ses publications et leur impact;
3. ses thématiques : les sujets qu'il aborde;
4. sa vision : l'angle sous lequel il aborde ses thèmes.

Comment :

Les ouvrages à consulter varient d'une discipline à l'autre, le professeur peut vous aider à les identifier :

1. encyclopédies;
2. biographies;
3. ouvrages d'analyse et critiques de l'œuvre;
4. quoi d'autres?

B) La lecture sélective de l'ouvrage

C'est la première lecture du livre à résumer, le premier contact. Vous avez un crayon et des fiches. Si vous pouvez écrire dans le livre, allez-y directement.

1. **Lire l'endos du livre**; vous y trouverez peut-être une courte biographie de l'auteur, un bref résumé ou un commentaire de son livre.

2. **Lire aussi la page derrière la page-titre**; vous y trouverez ce que l'auteur a écrit et ce qu'il projette d'écrire : «du même auteur» et «ouvrages en préparation».

3. **Noter le copyright ou le dépôt légal du livre et le nombre d'éditions**; ainsi vous situerez l'ouvrage dans le temps et vous aurez une petite idée de son impact.

4. **Prendre connaissance de la table des matières**; elle vous renseignera sur la manière dont l'auteur a découpé son sujet, son thème, son contenu; parfois sur la manière dont il chemine.

5. **Lire la préface**; généralement écrite par un spécialiste, elle sert à présenter le livre au lecteur.

6. **Repérer les «poteaux indicateurs»**, c'est-à-dire les titres, sous-titres, les mots ou expressions en caractères gras ou en italique, les photos qui illustrent dans le contexte décrit, les graphiques qui fournissent des synthèses visuelles.

7. **Lire l'index**; il indique à quelle page l'auteur aborde tel sujet, telle personne, tel lieu; le **glossaire ou le lexique** où l'on trouve la définition des termes spécialisés utilisés par l'auteur.

8. **Lire le chapitre d'introduction et le chapitre de conclusion**; vous aurez une idée du point de départ et du point d'arrivée de l'auteur. Dans l'introduction, l'auteur précise ses motivations, ses objectifs, les grandes lignes de son ouvrage, les difficultés rencontrées, la méthode utilisée et la population-cible. Un avant-propos ou un avertissement au lecteur remplace parfois l'introduction. La conclusion résume l'ouvrage, soulève les questions à approfondir, ouvre des perspectives.

9. **Vérifier si, à la fin de chaque chapitre, l'auteur n'a pas lui-même résumé ce chapitre**; pour ce faire, lire attentivement les derniers paragraphes de chaque chapitre.

10. **Traverser en diagonale tout le livre** afin de photographier certains mots-clés tels : en bref, pour résumer, en conclusion...; noter la page ou encadrer le passage en question.

1. Le résumé informatif:

Définition

Le résumé informatif est une description complète et concise du contenu d'un livre, c'est-à-dire de la position d'un auteur, de ses raisonnements, arguments, conclusions par rapport à un thème donné. Certains l'appellent le compte rendu de lecture. En tant que tel, il ne contient aucun apport de critique personnelle.

Démarche

A) **Recherche sur l'auteur.** Voir p. 68

B) **Lecture sélective de l'ouvrage.** Voir pp. 68-69

C) **Lecture compréhensive de l'ouvrage**

Cette lecture exige un effort soutenu mais elle fera économiser du temps lors de la rédaction du résumé. Pour la rendre efficace, il est préférable d'avoir quelques questions en tête. Ces questions agiront comme des «**zoom**» que vous appliquerez sur le contenu du livre et auxquelles vous chercherez des réponses.

Chacune des questions exprime une intention ou un **objectif de lecture**. Voilà pourquoi elles varient d'un type de résumé à l'autre. Vous trouverez ici des questions «classiques» qui vous éviteront la dispersion. Voici donc, pour ce qui est du résumé informatif, une sorte de grille susceptible de vous aider.

Une grille de lecture

Questions à poser	Réponses à trouver	No des pages
• De quoi s'agit-il dans ce livre?	• le thème, le sujet du livre	
• Quels sont les principaux points que l'auteur aborde?	• ses idées principales, ses arguments, ses thèses, sa position	
• Comment l'auteur relie-t-il ces points les uns aux autres?	• son cheminement, ses raccords d'une idée à l'autre	
• Comment l'auteur développe-t-il chacun de ces points?	• ses idées secondaires, ses illustrations	
• Comment l'auteur conclut-il?	• sa conclusion, son aboutissement	

Des techniques de résumé

Lire chacun des chapitres et pour chacun d'eux :

1. **chercher** dans le dictionnaire le sens des mots qui font problème;

2. **encercler** des chiffres, des mots-clés tels : **de plus**, **en outre**, **également** qui ajoutent une idée; **cependant**, **par ailleurs**, **pourtant**, **toutefois** qui expriment une opposition ou une restriction; **mais** qui marque une transition ou qui introduit un argument; **considérant**, **attendu** qui motivent une loi, un jugement; **or**, **donc, car**...;

3. **souligner** des phrases significatives, des exemples, des illustrations;

4. **indiquer** par des flèches ou autres symboles les relations entre les mots et les idées;

5. **diviser et numéroter** des ensembles de paragraphes où l'auteur traite d'un même point;

6. **titrer** chacune de ces divisions.

D) Plan du livre

Les points 5 et 6 qui précèdent devraient vous aider à reproduire schématiquement le contenu de **chacun des chapitres** :

1. **énoncer** dans des phrases complètes la ou les idées principales de l'auteur, ses thèses, sa position par rapport au thème traité;

2. **regrouper** autour de ces idées principales, les idées secondaires, c'est-à-dire les informations de nature à faire comprendre les idées principales et à les justifier.

E) Appréciation du plan

Il est encore temps de réajuster votre tir :

1. **juger** de la valeur de votre plan à l'aide des questions suivantes :
   - les idées principales énumérées sont-elles vraiment **différentes** les unes des autres? Si oui, conservez-les; si non, c'est peut-être une idée secondaire, alors, voyez à quelle idée principale elle peut être associée;
   - les idées secondaires énumérées sont-elles vraiment reliées aux idées principales, les font-elles comprendre? Si oui, conservez; sinon, éliminez;
   - les exemples choisis illustrent-ils vraiment les idées exprimées? Si oui, conservez; sinon, éliminez. Attention : un ou deux suffisent.
2. **consulter**, en cas de doute, un étudiant ou votre professeur et ensemble **améliorer** le plan.

F) Rédaction du résumé

Il s'agit maintenant de vous attaquer à la rédaction proprement dite :

1. **poser** le thème, le sujet du livre;
2. **mentionner** la nature de l'ouvrage : étude, enquête, essai; ouvrage technique, historique, géographique...;
3. **mettre en phrases** le plan tracé en ayant le souci de faire voir le cheminement de l'auteur : de son point de départ à son point d'arrivée;
4. **intégrer** une citation significative, un exemple éclairant, une statistique;
5. **relire** le résumé en le réduisant encore si c'est possible; en éliminant les mots vides, les répétitions, les digressions, les imprécisions, les ambiguïtés.

2. Le résumé analytique :

Définition

Le résumé analytique est une analyse complète du contenu d'un livre. Cette analyse rend compte en peu de mots du thème de l'ouvrage, de la problématique de l'auteur, de ses hypothèses, de ses propositions d'action.

Avant d'aller plus loin, précisons le sens de certains mots :

problématique de l'auteur

sa manière d'exposer des problèmes en les reliant à la fois les uns aux autres et au thème de son ouvrage.

71

hypothèses de l'auteur

elles peuvent être de deux ordres : explicatives ou transformatives;

- hypothèses explicatives : l'exposé de ses idées concernant les causes des problèmes mentionnés dans la problématique (ses théories);

- hypothèses transformatives : l'exposé de ses idées concernant l'orientation des solutions aux problèmes mentionnés dans la problématique (ses doctrines).

propositions d'action de l'auteur

l'exposé des moyens concrets d'action pour modifier la situation; qu'ils soient à court terme, moyen ou long terme.

Cette définition vous convient-elle? convient-elle à votre professeur? Ensemble vous pouvez l'améliorer, la préciser encore.

Démarche

A) Recherche sur l'auteur. Voir p. 68 (particulièrement important)

B) Lecture sélective de l'ouvrage. Voir pp. 68-69

C) Lecture compréhensive de l'ouvrage

Puisqu'ici il s'agit d'un résumé analytique, on devra décortiquer le contenu du livre lors de la lecture compréhensive. Mais comment analyser sans grille d'analyse? sans cadre de référence? Grille d'analyse, cadre de référence, voilà des expressions fréquemment utilisées à l'université. Vaut mieux savoir de quoi il en retourne.

La grille d'analyse proposée ici est applicable à la plupart des ouvrages théoriques portant sur un thème spécifique. Cette grille n'est pas parfaite; on devra dans certains cas l'adapter, la modifier, mais elle offre des catégories qui aideront, lors de la lecture compréhensive, à regrouper le contenu du livre. Ces catégories seront associées à des questions...; des questions, c'est tellement plus concret que des catégories.

Il est préférable d'avoir des questions en tête avant de commencer la lecture compréhensive d'un livre. Elles agiront comme des loupes, des «zoom» que vous appliquerez sur le contenu et auxquelles vous chercherez des réponses. Elles vous serviront d'objectifs de lecture, vous évitant ainsi la dispersion. Cette manière de lire exige un effort soutenu, mais elle fera économiser du temps lors de la rédaction du résumé.

Des catégories d'analyse

Lorsqu'un auteur écrit un livre sur un thème donné, il expose généralement :

- **des faits** qui font problème par rapport à ce thème, c'est sa problématique.

— **des idées**

quant aux causes de ces problèmes, ce sont ses hypothèses explicatives, ses théories;

quant à l'orientation des solutions à ces problèmes, ce sont ses hypothèses transformatives, ses doctrines.

— **des actions à accomplir** pour modifier la situation.

Voici donc trois grandes catégories : FAITS — — — IDÉES — — — ACTIONS. À quelles questions peuvent-elles être associées? N'oublions pas que lire avec des questions en tête, c'est lire en cherchant des réponses et sachons que les réponses peuvent être distribuées n'importe où dans le livre. Il est donc préférable de prendre le temps d'intérioriser ce qui suit avant d'attaquer le livre et de se munir de crayons et papier avant de commencer la lecture compréhensive.

Une grille d'analyse[1]

Questions à poser	Réponses à trouver	No des pages
Qu'est-ce qui ne va pas?	DES FAITS. Il s'agit d'identifier les données qui, selon l'auteur, font **problème**. L'auteur peut énumérer ces problèmes directement ou énumérer les conséquences de ces problèmes ou encore les deux à la fois.	
Pourquoi ça ne va pas?	DES IDÉES explicatives. Il s'agit d'identifier les **causes** qui, selon l'auteur, expliquent les problèmes mentionnés ou le développement de ces problèmes, autrement dit les lois, les théories[2] par lesquelles l'auteur s'explique ces différents problèmes.	
Qu'est-ce qu'il faut faire pour que ça aille?	DES IDÉES transformatives. Il s'agit d'identifier les principes, les valeurs, les doctrines[3] qui, selon l'auteur, peuvent **orienter les solutions** aux problèmes mentionnés et expliqués.	
Comment le faire?	DES ACTIONS. Il s'agit d'identifier les nouveaux objectifs que l'auteur propose, les **moyens concrets d'action** qu'il préconise, les méthodes et les techniques qu'il suggère pour changer la situation.	

Les réponses à ces questions permettent en quelque sorte de dévoiler ce qu'on appelle le cadre de référence d'un auteur.

Vous avez peut-être une autre grille d'analyse, d'autres catégories. Après avoir discuté avec des étudiants ou après avoir consulté votre professeur, vous avez peut-être modifié la grille d'analyse qui précède.

---

1 Cette grille d'analyse est inspirée des ouvrages Autoformation et lecture documentaire et 52 fiches de méthodologie du raisonnement par l'entraînement mental. Voir références complètes à la page 83.

2 **théorie** : système explicatif qui répond à la question «pourquoi?»

3 **doctrine** : système d'action qui répond à la question «que faut-il faire?»

Des techniques de résumé

1. Voir p. 70;

2. Voir p. 70;

3. Voir p. 70;

4. **Encadrer et numéroter** des ensembles de paragraphes où l'auteur expose des faits (sa problématique), des idées (ses hypothèses), des actions.

5. **Indiquer** par des flèches ou autres symboles les relations entre les faits, les idées, les actions proposées.

D) Rédaction du résumé

Il s'agit maintenant de vous attaquer à la rédaction proprement dite :

1. **poser** le thème, le sujet du livre;

2. **mentionner** la nature de l'ouvrage : étude, essai, enquête, ouvrage technique, historique, géographique...;

3. **mettre** en phrases la problématique de l'auteur, ses hypothèses, ses propositions d'action; faire ressortir les liens;

4. **intégrer** une citation significative, un exemple éclairant, une statistique;

5. **relire** le résumé en le réduisant si c'est possible; en éliminant les mots vides, les répétitions, les digressions, les envolées, les imprécisions.

3. Le résumé critique :
Définition

Le résumé critique est un résumé informatif ou analytique avec, en plus, une appréciation personnelle du contenu du livre. Il contient un ensemble de jugements personnels fondés de préférence, positifs ou négatifs, afin de déterminer la valeur du livre. Cette critique peut être **interne** ou **externe** au livre. Certains l'appellent le commentaire de lecture.

Démarche

A) Recherche sur l'auteur. Voir p. 68

B) Lecture sélective de l'ouvrage. Voir pp. 68-69

C) Lecture compréhensive de l'ouvrage :
- dans le cas d'un résumé informatif, voir pp. 69-70
- dans le cas d'un résumé analytique, voir pp. 71-72

D) Rédaction du résumé :

- dans le cas d'un résumé informatif, voir p. 71
- dans le cas d'un résumé analytique, voir p. 74

E) Élaboration de la critique

1. Critique interne

Elle consiste à faire appel à des éléments de l'ouvrage lui-même pour fonder vos jugements personnels. Ce jugement de valeur peut porter sur la cohérence, la logique de l'ouvrage, sur la rigueur de l'argumentation de l'auteur, sur ses idées.

Encore là, vaut mieux avoir quelques questions en tête. Les réponses que vous donnerez à ces questions deviendront les points d'appui de votre critique.

Des questions

Vous choisissez celles qui vous conviennent.

- Les problèmes que l'auteur expose sont-ils formulés clairement? vaguement? Sont-ils prouvés, appuyés sur des données vérifiées (enquêtes, témoignages, statistiques)?
- Existe-t-il des liens logiques entre les problèmes que l'auteur expose, la manière dont il se les explique et les solutions qu'il met de l'avant?
- Les idées de l'auteur sont-elles claires? vagues? Sont-elles issues de théories affirmées? Sont-elles originales?
- Les propositions d'action de l'auteur sont-elles réalisables? À quelles conditions?
- À qui ce livre mériterait-il d'être recommandé?

Vous pouvez formuler d'autres questions ou encore votre professeur peut vous en suggérer de nouvelles.

Pour celles et ceux qui auront réalisé un résumé analytique

Si vous avez réalisé un résumé de type analytique, la réponse à certaines de ces questions, en plus de vous donner les points d'appui de votre critique, vous permettra de vous dévoiler à vous-même votre propre cadre de référence. Voici un exercice qui vous y aidera.

1ère étape : ANALYSE

Elle est faite. Votre résumé analytique vous aura permis d'IDENTIFIER le cadre de référence de l'auteur.

2ème étape : CONFRONTATION

Vous comparez et distinguez votre cadre de référence de celui de l'auteur à l'aide du tableau suivant :

Sujet du livre	Faits signi-ficatifs (problèmes)	Système d'explica-tion (causes, théories)	Système d'action (solutions, doctrines)	Actions concrètes
le cadre de réfé-rence de l'auteur				
mon cadre de réfé-rence	*Accord?* *Désaccord total?* *Désaccord partiel?*	*''* *''* *''*	*''* *''* *''*	*''* *''* *''*

3ème étape : CRITIQUE

Vous utilisez votre cadre de référence pour juger de celui de l'auteur.

4ème étape : INVENTION

Vous indiquez dans les cases appropriées EN QUOI vous vous distinguez de l'auteur, mais alors, bien sûr, vous dépassez le travail propre-ment critique, vous avez commencé à inventer.

2. Critique externe

Elle consiste à faire appel à des éléments extérieurs à l'ouvrage pour fonder vos jugements personnels, c'est-à-dire pour approuver ou désapprouver la valeur des affirmations fondamentales de l'auteur.

Des pistes et des questions

Vous choisissez ce qui vous convient.

— Faire appel à la pensée du même auteur. N'y aurait-il pas d'autres ouvrages, d'autres textes où l'auteur ferait des affirmations en accord ou en contradiction avec celles du livre étudié?

Votre professeur peut vous aider à identifier ces ouvrages.

— Faire appel à la pensée d'un autre auteur de la même époque ou d'une époque ultérieure pour appuyer ou rejeter les affirmations essentielles du livre étudié. Qui peuvent être ces autres auteurs?

— Faire appel à d'autres faits, d'autres données que ceux mentionnés par l'auteur du livre étudié, les vôtres par exemple.

4. Le résumé d'un ouvrage de fiction :

Définition

C'est une description complète et concise du contenu d'un livre, c'est-à-dire des thèmes ou problèmes traités dans ce livre, des principaux personnages, de l'évolution de la situation ou de l'action.

Démarche

A) Recherche sur l'auteur. Voir p. 68

B) Lecture sélective de l'ouvrage.
Voir p. 68, points 1-2-3

C) Lecture compréhensive de l'ouvrage

Il est préférable d'avoir des questions en tête avant de commencer la lecture compréhensive d'un livre. Ces questions agiront comme des loupes, des «zoom» que vous appliquerez sur le contenu et auxquelles vous chercherez des réponses. Elles vous serviront d'objectifs de lecture, vous évitant ainsi la dispersion. Cette manière de lire exige un effort soutenu mais elle fait économiser du temps lors de la rédaction du résumé.

La grille proposée à la page suivante est applicable à la plupart des romans et des pièces de théâtre. Cette grille n'est pas parfaite, on devra dans certains cas l'adapter, la modifier, mais elle offre des catégories qui aideront, lors de la lecture compréhensive, à regrouper le contenu du livre.

Une grille de lecture

Catégories	Questions à poser	Réponses à trouver
Personnages	*QUI?*	le personnage principal : celui autour duquel gravite l'action; celui qui a un rôle décisif dans le déroulement de l'action; son statut social et économique; ses problèmes, ses traits de caractère; ses valeurs, sa quête, ses rêves, ses désirs, ses aspirations...; son évolution *pages* : les personnages importants : deux ou trois; leurs rapports avec le personnage principal *pages* :
Situation Événements Action	*QUOI?*	les événements principaux : rencontres, discussions, accidents... • celui qui déclenche l'action ou la situation • celui ou ceux qui la font rebondir • celui qui la fait aboutir *pages* : **La situation schématisée** • **Situation de départ** *chapitre* : • **Évolution de la situation**[1] *chapitre* : • **Situation finale** *chapitre* :
Lieu	*OÙ?*	l'endroit où se déroule l'action : pays, ville, village...
Temps	*QUAND?*	l'époque où se déroule l'action : siècle, année
	COMBIEN DE TEMPS?	la durée dramatique, la durée de la situation ou de l'action dans le livre

1 l'évolution d'une situation peut contenir des bonds en avant, des progrès et des bons en arrière, des régressions.

Vous avez peut-être une autre grille. Après avoir discuté avec des étudiants ou après avoir consulté votre professeur, vous décidez de modifier celle qui précède.

D) Rédaction du résumé

Il s'agit maintenant de vous attaquer à la rédaction proprement dite :

1. **rédiger** le résumé en prenant appui sur les indications qui précèdent, sur les réponses trouvées à l'aide de la grille de lecture;

2. **faire ressortir** les liens entre les personnages et les événements;

3. **faire ressortir** l'évolution de la situation, son déroulement, son aboutissement;

4. **remanier** cette première ébauche à l'aide des questions suivantes :

   - Les étapes du récit apparaissent-elles clairement?

   - Telle indication est-elle vraiment nécessaire pour dévoiler ou expliquer l'évolution du personnage principal?

   - Est-il nécessaire de mentionner tel personnage? A-t-il des rapports privilégiés avec le personnage principal? avec la situation?

   - Est-il nécessaire de mentionner tel événement? Déclenche-t-il quelque chose? A-t-il des rebondissements, des conséquences sur les personnages?

   - Est-il possible de contracter davantage?

BIBLIOGRAPHIE

Autoformation et lecture documentaire, dossier réalisé par J. Dumazedier et H. de Gisors avec l'aide du groupe Autoformation et Documentation du Peuple et culture, s.d., 91 pages.

BESSON, Robert. Guide de rédaction, Paris, éditions André Casteilla, coll. «Les nouveautés de l'enseignement», 1964, 175 pages.

BESSON, Robert. La pratique de l'expression française orale et écrite, Paris, éditions André Casteilla, coll. «Les nouveautés de l'enseignement», 1980, 115 pages.

CHARLOPEAU, Nicole et Jean-François CHOSSON. 52 fiches de méthodologie du raisonnement par l'entraînement mental, Paris, éditions d'Organisation, 1980, 148 pages.

OSTIGUI, Jean. Un coup de main à l'étudiant ou comment apprendre, Collège de Valleyfield, Éducation des adultes, Service d'aide à l'apprentissage, juin 1980, 54 pages.

7

LA DISSERTATION[1]

rédigé par Liliane Goulet

1. Définition

C'est l'exposé écrit et raisonné d'un ensemble de réflexions sur un sujet donné. Ou bien on expose tout ce que l'on sait sur un sujet afin de l'expliquer; ou bien on expose les thèses et arguments nécessaires pour débattre une question.

La dissertation requiert fidélité aux faits, aux idées, aux preuves et une logique rigoureuse. Elle développe l'aptitude à communiquer de l'information et à structurer sa pensée tout en faisant preuve d'originalité et d'esprit de synthèse. La dissertation devra renseigner un lecteur de façon sûre et de manière intéressante.

2. Étapes

A) le sujet

B) la documentation

C) le traitement de la documentation

D) la structure de la dissertation

E) la rédaction de la dissertation

A) Le sujet

Le sujet d'une dissertation contient deux éléments : l'énoncé principal, le sujet proprement dit; et l'orientation à donner au sujet, ce que l'on doit faire avec le sujet. On comprend le sujet d'une dissertation lorsqu'on en saisit la **signification et l'orientation**. Cette phase de compréhension éclaire souvent **l'approche** et les attitudes à adopter durant sa réalisation.

1er exemple :

Les universités, par leur clientèle, leur clientèle féminine surtout, reflètent l'évolution sociale du Québec.
Démontrez.

2ème exemple :

Jugez de *l'influence de la religion dans «Thérèse et Pierrette à l'école des Saints-Anges» de Michel Tremblay.*

Dans les exemples qui précèdent, la partie en italique correspond à l'énoncé principal, au sujet proprement dit; la partie en caractères gras correspond à l'orientation à donner au sujet, elle indique ce que l'on doit faire avec le sujet.

---

1   Ce chapitre est largement inspiré de l'ouvrage de Pierre Boissonnault et autres, La dissertation. Outil de pensée, outil de communication, Québec, éditions La lignée inc., 1980, 255 pages.

1. La signification du sujet

Pour comprendre la signification d'un sujet, on peut se poser la question suivante : **De quoi s'agit-il?** Voici quelques manières d'y répondre :

— **lire**, relire et relire le sujet, mot à mot, avec attention;

— **souligner** les mots importants et les mots obscurs;

— **vérifier** dans le dictionnaire le sens des mots soulignés;

ATTENTION! Le dictionnaire propose tous les sens possibles d'un mot et ces sens sont différents les uns des autres. Il faut alors reconnaître parmi les différents sens proposés par le dictionnaire celui qui correspond au sujet du travail. Dans l'exemple qui précède, le mot «clientèle» désigne l'ensemble des étudiants et non l'ensemble des consommateurs. Le dictionnaire fournit des indications générales, vous avez à les adapter, à les préciser en fonction de votre sujet. Ainsi les mots «reflètent» et «sociale» extraits du 1er exemple donnent le tableau suivant :

Mots	Sens général donné par le dictionnaire	Sens particulier dans le sujet du travail
reflètent (refléter)	Être un reflet de	refléter une évolution ce n'est pas rendre fidèlement toutes les phases d'un changement, mais en donner une certaine image, une représentation approximative.
sociale	qui concerne la société	l'évolution sociale et le changement progressif des conditions de travail et d'existence des différents groupes qui composent la société.

De deux choses l'une : ou bien cette recherche dans le dictionnaire vous a éclairé, ou bien elle vous a embrouillé davantage. Il arrive parfois que plus l'on perçoit de sens à un mot, plus on risque de s'éparpiller. Dans le cas où la recherche s'est avérée satisfaisante, vous passez à l'autre étape : vous contrôlez suffisamment la compréhension du sujet de votre travail pour le reformuler. Si la recherche vous a embrouillé, c'est bon signe... quelque chose avance mais ce n'est pas encore au point. Dans un tel cas vous pouvez, avant de passer à l'étape suivante, discuter de la signification de votre sujet avec d'autres étudiants.

— **reformuler** le sujet de son travail dans ses propres mots. Si vous doutez de la justesse de cette reformulation, faites-en un point à l'ordre du jour d'une rencontre avec votre professeur (voir p. 90).

2. L'orientation du sujet

Ce n'est pas tout de comprendre ce que le sujet signifie, encore faut-il savoir quoi faire avec. On peut alors se poser la question suivante : **Que me demande-t-on?**

Si vous répondez : on me demande de **faire l'étude** d'une réalité, l'orientation du sujet de votre dissertation est de **nature explicative**. C'est le cas du 1er exemple. On vous demande de démontrer, de faire la preuve et non d'exprimer votre pensée personnelle. Ces sujets laissent peu de place à l'esprit critique et beaucoup à la capacité de recueillir et de classer des données.

Si vous répondez : on me demande de **porter un jugement** sur une réalité, l'orientation du sujet de votre dissertation est de **nature critique**. C'est le cas du 2ème exemple. On vous demande de juger, de discuter, d'exprimer votre pensée personnelle; de peser, mesurer, évaluer la vérité de l'énoncé principal pour en conclure que c'est vrai ou faux ou encore qu'il y a une part de vrai et une part de faux. Ces sujets exigent une plus grande implication et nécessitent, en plus de la capacité de recueillir et classer des données, un grand esprit critique.

3. L'approche du sujet

Comprendre la signification et l'orientation du sujet d'une dissertation indique souvent avec quelle mentalité on peut approcher son travail. Les sujets dont l'orientation est de nature explicative correspondent davantage à une mentalité **fidèle**, **logique**; ceux dont l'orientation est critique correspondent davantage à une mentalité **imaginative**, **dubitative**.

La mentalité **fidèle** est méticuleuse, elle recueille tous les faits et toutes les idées qui vont lui servir à rendre compte d'une réalité. Elle se demande : qu'est-ce que c'est? et elle affirme : c'est ça. Elle permet de décrire une réalité, mais se refuse à l'expliquer.

La mentalité **logique** va en plus décomposer et reconstruire la réalité dont elle a à rendre compte. Elle se demande : comment est-ce ainsi? et démontre que : c'est ainsi de cette manière-là. Elle permet d'expliquer des mécanismes, des phénomènes sans les juger ni les interpréter.

La mentalité **imaginative** veut en plus donner du sens à une réalité. Elle se demande : pourquoi est-ce ainsi? et répond : c'est ainsi à cause de cela et dans tel but. Elle permet de décrire, d'expliquer, de juger et d'interpréter.

La mentalité **dubitative** doute de tout, elle cherche à prouver le contraire de tout, elle exige la preuve de tout, elle conteste toute preuve. Elle se demande : est-ce que c'est vrai? elle répond : oui et non. Elle détermine la part de vrai et la part de faux. Elle apprécie à sa juste mesure un jugement.

Tableau-synthèse			
Orientation du sujet	**Formulations possibles**	**Habiletés**	**Mentalité**
Explicative	Démontrez Décrivez Prouvez Faites voir Illustrez Définissez Résumez Analysez Etc.	Cueillette de faits et d'idées Classement Organisation Description + Démonstration Explication	**Fidèle** **Logique**
Critique	Discutez Commentez Jugez Considérez Appréciez Pensez Est-il vrai que... Est-il possible que... Etc.	Cueillette de faits et d'idées Classement Jugement Organisation Description Explication Interprétation + Mise en doute	**Imaginative** **Dubitative**

Ces différentes mentalités sont ici divisées. En fait, elles s'entremêlent généralement. Cela peut être utile cependant de savoir à laquelle vous vous identifiez davantage à priori, et à laquelle vous auriez intérêt à vous raccrocher compte tenu de l'orientation du sujet de votre dissertation. Ce petit exercice mettra en lumière les réflexes que vous avez et sur lesquels vous pouvez compter dans l'accomplissement de votre travail; ceux que vous devez surveiller et maîtriser pour mener à terme, de manière satisfaisante, votre dissertation.

Voici un tableau qui vous permettra de procéder à une mise au point par rapport à tout ce qui vient d'être dit. Ce faisant, il vous indiquera ce qu'il est préférable de savoir avant de vous engager dans l'étape suivante dite de documentation.

Questions à poser Réponses à trouver	Activité fondamentale	Objectif	Subjectivité
Qu'est-ce que c'est? C'est ça. + Comment est-ce ainsi? C'est ainsi de cette manière là.	Observation	Rendre compte du réel. + Décomposer et reconstruire le réel.	Minimale
Pourquoi est-ce ainsi? C'est ainsi à cause de cela et dans tel but. + Est-ce vrai? Oui et non	Appréciation	Donner du sens au réel. + Donner de la valeur à un jugement.	Maximale

B) La documentation

D'une certaine manière, pour trouver il faut savoir un peu ce que l'on cherche; par ailleurs, ce que l'on cherche se précise au fur et à mesure que l'on trouve. Il ne faut donc pas s'étonner qu'en cours de recherche on ait parfois l'impression de contrôler la situation et parfois l'impression de s'y perdre. Mais que cherche-t-on? Des faits, des constatations, des idées, des jugements, des preuves tirés d'une documentation soit écrite, soit verbale et tirés aussi de sa réflexion personnelle. Bien, mais quoi retenir? Tout ce qui est conforme au sujet de la dissertation. Ces évidences étant posées, voici quelques étapes.

1. D'abord et avant tout **évaluer** la recherche à faire en se posant deux questions :

— **Le sujet de ma dissertation renvoie-t-il à une réalité simple ou complexe?**

Les sujets les plus simples sont ceux qui renvoient à une réalité circonscrite et limitée. Quand cette réalité est contenue dans un ouvrage ou deux, dans un ou deux articles critiques ou encore exige la réalisation d'une ou deux entrevues ou l'assistance à une ou deux conférences, on peut considérer que la recherche obligatoire est limitée et que le sujet est simple.

Les sujets qui renvoient à plusieurs ouvrages, livres ou revues et à plusieurs rencontres sont plus difficiles et nécessitent une recherche obligatoire longue et variée.

— **Le temps dont je dispose est-il long ou court?**

Le temps s'évalue de plusieurs manières : celui qui est donné par le professeur et celui dont on dispose réellement; le temps nécessaire pour accomplir l'ensemble du travail (compréhension du sujet, recherche des données, classement des données, rédaction de la dissertation) et le temps à consacrer à l'étape documentation c'est-à-dire la recherche des données.

Selon la complexité du sujet et le temps dont on dispose, on décide de l'ampleur de la recherche à faire. Elle sera :

RESTREINTE ou EXHAUSTIVE

Il est possible qu'à ce stade vous constatiez une inadéquation entre la complexité du sujet de votre dissertation et le temps dont vous disposez pour réaliser l'étape recherche. Notez cet écart. Il pourra devenir un des points à l'ordre du jour lors d'une rencontre avec votre professeur. Ce dernier vous aidera sans doute soit à circonscrire votre vision du sujet, soit à l'élargir, et, conséquemment, à limiter votre recherche ou à la varier.

2. Cela fait, **formuler** quelques questions globales auxquelles la recherche à entreprendre devra répondre.

Vous pouvez partir des questions déjà posées dans le tableau de la page 84; à savoir :

— **pour un sujet dont l'orientation est explicative :**

«Qu'est-ce que c'est?» «Comment est-ce ainsi?».

Durant votre recherche vous vous ferez alors OBSERVATEUR-TRICE. Vous chercherez des faits et des idées de nature à décrire, démontrer, expliquer la véracité de l'affirmation contenue dans le sujet de votre dissertation ou la véracité du phénomène auquel le sujet de votre dissertation fait allusion. Vous serez à l'affût de tous les témoignages, de tous les signes, de toutes les preuves de nature à illustrer que l'**affirmation** contenue dans le sujet de votre dissertation est **vraie**, que le **phénomène** dont il y est question est **réel**.

— **pour un sujet dont l'orientation est critique :**

«Pourquoi est-ce ainsi?» «Est-ce vrai?»

Durant votre recherche vous vous ferez alors JUGE. Vous chercherez des faits et des idées de nature à mettre en doute, à ébranler, à questionner la véracité de l'affirmation contenue dans le sujet de votre dissertation ou la véracité du phénomène auquel le sujet de votre dissertation fait allusion. Vous serez à l'affût de tous les témoignages, de tous les signes, de toutes les preuves de nature à illustrer que l'affirmation contenue dans le sujet de votre dissertation est en partie vraie et en partie fausse, que le phénomène dont il y est question est en partie réel et en partie non réel. Vous retiendrez toutes les informations de nature à vous aider à peser le pour et le contre ou encore les avantages et les désavantages.

3. **Dresser** un plan de recherche qui servira de plan provisoire à la dissertation. Il vous permettra de ne pas trop vous éparpiller durant votre recherche. Voici quelques exemples de plans provisoires.

— **Pour un sujet dont l'orientation est explicative**

PLAN INVENTAIRE

1. Nature du phénomène
   a) son origine
   b) sa définition
   c) sa description

2. Évolution du phénomène
   a) ses transformations dans le temps
   b) ses mécanismes, ses manifestations
   c) sa durée

PLAN COMPARATIF

1. **Ressemblances entre X et Y**
2. **Différences entre X et Y**
3. **X sans Y; Y sans X**
4. **La manière dont X et Y se complètent ou non**

Vous pouvez concevoir d'autres plans. Quel que soit le plan retenu, n'oubliez pas que les informations que vous cherchez devront vous permettre d'énoncer surtout des **constatations**.

— **Pour un sujet dont l'orientation est critique**

PLAN DIALECTIQUE

1. **La part de vrai, le pour, les avantages; la thèse**
2. **La part de faux, le contre, les désavantages; l'antithèse**
3. **La part de vrai et la part de faux; oui et non; la synthèse**

Vous pouvez concevoir d'autres plans. Quel que soit le plan retenu, n'oubliez pas que les informations que vous cherchez devront vous permettre d'énoncer surtout des **jugements**.

SPÉCIAL-FICTION

- Exemple de plan de recherche pour une dissertation portant sur un personnage :
   1. son physique
   2. sa situation sociale
      (origine, âge, sexe, résidence; situation économique, politique, familiale...)
   3. ses projets
   4. ses actions principales
   5. son caractère
   6. ses sentiments
   7. ses idées
   8. son langage
   9. ses rapports avec les autres personnages
   10. son évolution
   11. son rôle, son importance
   12. sa valeur, sa signification

- Exemple de plan de recherche pour une dissertation portant sur un roman :
  1. le temps de l'action
  2. les lieux de l'action
  3. l'intrigue ou la situation
  4. les personnages
  5. les thèmes
  6. le langage

4. **Dresser** la liste des ouvrages à consulter et des rencontres à faire. À cette étape, si vous en éprouvez le besoin, vous pouvez rencontrer votre professeur. Vous trouverez à la page suivante un tableau-synthèse de tout ce qui précède. Il peut vous servir d'ordre du jour lors d'une rencontre éventuelle avec votre professeur. Compléter ce tableau vous aidera à vous engager dans votre recherche avec un maximum de confiance et de sécurité.

Quelle que soit la manière dont vous vous documenterez (livres, revues, rencontres, réflexion personnelle), la méthode la plus pratique consiste à reporter sur des fiches tous les renseignements que vous utiliserez pour votre dissertation. Pour la confection des fiches, voir le chapitre sur la lecture efficace, pp. 61-62.

C) Le traitement de la documentation

Votre recherche est terminée. Vous devriez avoir en main toutes les informations nécessaires pour dresser le plan détaillé et définitif du développement de votre dissertation.

Durant votre recherche, vous avez confectionné des fiches. Vous avez maintenant à les utiliser. Voici une démarche susceptible de vous aider à structurer votre casse-tête, à **classer et traiter vos fiches**.

1. **Lire** toutes les fiches. Vous aurez ainsi une idée globale des informations qu'elles contiennent.

2. **Réexaminer** le plan provisoire choisi (voir p. 90) à la lumière de cette lecture. Votre plan provisoire contenait de grandes catégories; ces dernières se sont sans doute précisées durant votre recherche. Alors **ajouter** ou **éliminer** des catégories ou encore **conserver** tel quel.

3. **Relire** les fiches et **identifier** celles qui contiennent des idées principales ou encore, à partir de certaines fiches, **formuler** les idées principales qui s'en dégagent. **Annexer** ces idées principales à une des catégories du plan provisoire et **numéroter** chacune de ces idées; vous formulez autant d'idées principales que le suggère votre documentation et votre réflexion. Attention! les idées principales doivent être **différentes** les unes des autres puisque chacune d'elles sert à faire avancer une démonstration ou un débat.

Ordre du jour

Sujet de la dissertation
Vous le reformulez dans vos propres mots.

_____

_____

_____

Orientation du sujet de la dissertation

Explicative ◯   Critique ◯

Ampleur de la recherche à effectuer
Vous considérez la complexité du sujet et le temps dont vous disposez.

Restreinte ◯   Exhaustive ◯

Plan provisoire de la dissertation
Il vous servira de balises durant votre recherche.

Plan inventaire   ◯

Plan comparatif   ◯

Plan chronologique   ◯

Plan dialectique   ◯

Autre plan   ◯

Spécial-fiction

Plan pour un personnage ◯

Plan pour un roman   ◯

Autre plan   ◯

Ouvrages à consulter
Répondre aux questions suivantes:

QUOI?   POURQUOI?   OÙ?   QUAND?   COMMENT?

Rencontres à effectuer

QUI?   POURQUOI?   OÙ?   QUAND?   COMMENT?

4. **Regrouper**, autour de chacune des idées principales, les fiches qui contiennent les idées secondaires. **Numéroter** aussi les idées secondaires. N'oubliez pas que les idées secondaires sont souvent des faits, des preuves, des témoignages, des exemples qui servent à **illustrer** une idée principale, à lui donner du poids, de la crédibilité.

5. **Écrire** en rouge des mots de liaison sur certaines fiches : en effet, et, de plus, finalement, considérons aussi, en outre, cependant, par ailleurs, toutefois, mais, etc.

Cela fait, vous vous retrouverez alors devant des ensembles de fiches. Vous avez autant d'ensembles que d'idées principales. Voici une illustration de ce à quoi pourrait ressembler votre classement.

— Si votre orientation est **explicative**

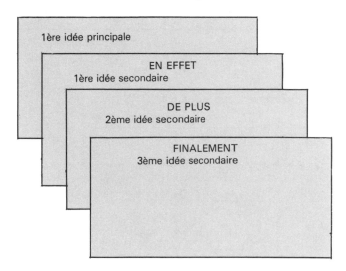

*Vous avez bien sûr autant d'ensembles de ce genre que d'idées principales. Les mots de liaison choisis ici ne sont que des exemples parmi d'autres.

— Si votre orientation est **critique**

La thèse

Exemple *: Le conseil du patronat estime...*

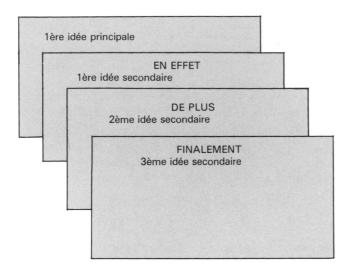

L'antithèse

Exemple *: par ailleurs la CSN considère...*

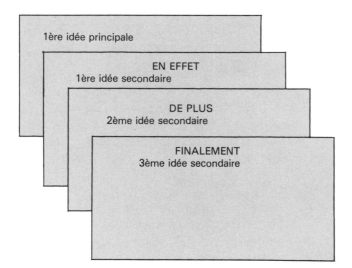

La synthèse

Exemple : *Quant à nous, nous pensons...*

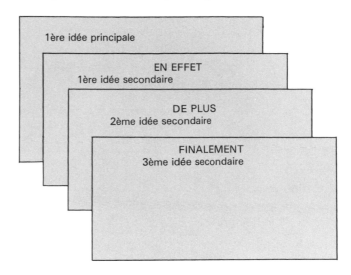

1ère idée principale

EN EFFET
1ère idée secondaire

DE PLUS
2ème idée secondaire

FINALEMENT
3ème idée secondaire

*Pour chacune des étapes, **thèse, antithèse, synthèse,** vous avez bien sûr autant d'ensembles de fiches que d'idées principales. Ce type de classement est tout indiqué pour mener un débat, critiquer une réalité, confronter des thèses adverses.

Vous pouvez classer, regrouper et traiter vos fiches autrement. Cela dépend du plan provisoire que vous avez réexaminé à l'étape 2. Dans le cas d'un plan comparatif, utilisez les catégories : ressemblances/différences; avantages/inconvénients. Dans le cas d'un plan chronologique, classez vos fiches par tranches de temps.

Vous êtes en mesure maintenant de rédiger le plan détaillé du développement de votre dissertation.

Schéma général d'un plan détaillé **de développement**[1]

1. Idée principale

    1. idée secondaire _____
faits et preuves

    2. idée secondaire _____
faits et preuves

    3. idée secondaire _____
faits et preuves

2. Idée principale

    1. idée secondaire _____
faits et preuves

    2. idée secondaire _____
faits et preuves

    3. idée secondaire _____
faits et preuves

3. Idée principale

    1. idée secondaire _____
faits et preuves

    2. idée secondaire _____
faits et preuves

    3. idée secondaire _____
faits et preuves

1 Il s'agit ici d'un schéma pour un plan qui comporterait trois idées principales dont chacune serait divisée, à son tour, en trois idées secondaires.

Il vous reste désormais à structurer l'ensemble de votre dissertation c'est-à-dire faire précéder votre développement d'une INTRODUCTION et à le faire suivre d'une CONCLUSION. Puis à rédiger le tout.

D) La structure de la dissertation

Une dissertation est composée de trois parties distinctes :

1. l'introduction
2. le développement
3. la conclusion

1. L'introduction

Il n'existe qu'une structure d'introduction : elle est toujours composée de trois idées. Une première idée qui sert de contact et de préambule au sujet : SUJET AMENÉ. Une deuxième qui définit le sujet dont on va traiter, l'angle sous lequel le sujet sera abordé : SUJET POSÉ. Une troisième qui annonce les articulations principales du développement : SUJET DIVISÉ.

L'introduction représente environ 10% de la longueur totale de la dissertation.

2. Le développement

Il existe plusieurs manières de structurer un développement (voir p. 97). Quelle qu'en soit la structure, il est composé de plusieurs idées organisées les unes par rapport aux autres de manière à expliquer le sujet avec cohérence. Les idées s'appuient sur des faits qui deviennent des éléments d'illustration ou de preuve. Toutes les informations pertinentes à l'élaboration du sujet se retrouvent dans cette partie.

Le développement représente environ 80% de la longueur totale de la dissertation : il se taille la part du lion.

3. La conclusion

Comme dans l'introduction, on retrouve une structure dans la conclusion : elle est toujours composée de deux idées. La première fait une synthèse du développement; la seconde situe le sujet dans un contexte plus large, plus général. La conclusion représente environ 10% de la longueur totale de la dissertation.

Structure-type d'une dissertation

Introduction	10% du texte
— sujet amené — sujet posé — sujet divisé	
Le développement	**80% du texte**
1ère idée principale — 1ère idée secondaire — 2ème idée secondaire — 3ème idée secondaire **2ème idée principale** — 1ère idée secondaire — 2ème idée secondaire — 3ème idée secondaire etc.	
La conclusion	**10% du texte**
— Idée — synthèse — Idée — contexte	

* Les indications en % relèvent d'un ordre de grandeur. Ce ne sont pas des mesures absolues.

E) La rédaction de la dissertation

Les étapes antérieures : le sujet, la documentation, le traitement de la documentation, la structure de la dissertation ont servi à préparer votre dissertation, à comprendre la question posée, à en cerner tous les aspects. Vous avez été jusqu'à maintenant dans un état de réceptivité.

Ce travail de préparation et de compréhension étant terminé, vous changez du tout au tout votre attitude. D'une personne qui «écoute», vous devenez une personne qui «parle»; d'une personne qui comprend, vous devenez une personne qui se fait comprendre.

Lorsqu'un lecteur aura en main votre dissertation, il commencera par lire l'introduction, puis le développement, ensuite la conclusion. C'est l'ordre logique de la lecture. Mais vous qui êtes l'auteur, vous commencerez d'abord par rédiger le développement, puis l'introduction, ensuite la conclusion. C'est l'ordre logique de la rédaction d'une dissertation.

Le développement

Le développement doit amener le lecteur d'un point à un autre tout en soutenant son intérêt; il doit évoluer dans une direction précise. Cette évolution des idées du développement s'appelle la PROGRESSION. Il existe plusieurs types de progression :

- **par étapes** : traiter tour à tour chacun des aspects d'une question;
- **chronologique** : traiter par tranches de temps;
- **comparatif** : associer point par point les éléments à comparer;
- **dialectique** : opposer point par point les éléments à confronter;
- etc.

Étapes

Lors du traitement de votre documentation vous avez :

1. **formulé** des idées principales;
2. **choisi** des faits et des preuves (des idées secondaires);
3. **regroupé** des ensembles d'idées en les numérotant.

Il vous reste à :

4. **préciser** les idées;
5. **évaluer** l'enchaînement des idées;
6. **rédiger** des paragraphes.

Pour ce faire, **considérer** les ensembles de fiches en se posant les questions suivantes :

- Cette **information** est-elle **pertinente** par rapport au sujet? Contribue-t-elle à expliquer le phénomène dont il est question dans le sujet? à éclairer le débat auquel le sujet fait allusion?

  Si oui, retenez-la; sinon, éliminez-la.

- Les **idées principales** sont-elles **formulées** clairement?

  Si non, reformulez-les de façon plus précise, plus concrète.

- Les **idées secondaires** (faits et preuves) **appuient-elles** vraiment l'idée principale?

  Si oui, conservez-les; si non, éliminez-les; si vous avez du temps, cherchez-en d'autres.

- L'**ordre** dans lequel les idées sont classées **convient-il** au type de progression que j'entends adopter?

  Si oui, conservez la numérotation, si non, modifiez-la.

Un paragraphe contient une idée principale et les idées secondaires qui servent à l'expliquer, à l'illustrer. Il y a donc autant de paragraphes que d'idées principales. De plus, chaque paragraphe est une étape dans le développement d'une pensée. Généralement un paragraphe s'étend sur sept à quinze lignes environ.

Quelques possibilités :

— Un paragraphe exprime selon le cas :
  - un aspect d'une description;
  - un élément d'une énumération;
  - un point d'une argumentation;
  - une opposition de points de vue;
  - etc.

— À l'intérieur d'un paragraphe, les idées s'enchaînent logiquement. Ces enchaînements peuvent varier :
  - on énonce d'abord l'idée principale et on l'illustre ensuite par des faits et des preuves;
  - on constate un fait, puis on l'explique;
  - on oppose point par point des éléments à comparer;
  - on déroule les différentes étapes d'un raisonnement;
  - etc.

— Les paragraphes sont liés les uns aux autres par des transitions. Ces transitions varient selon le type de progression du développement :
  - des dates, pour les développements chronologiques;
  - des liaisons telles : considérons aussi, de plus, pour les développements par étapes et comparatifs;
  - des liaisons telles : par ailleurs, toutefois, cependant, pour les développements dialectiques.
  - etc.

N'oubliez pas que la fonction principale du développement c'est de SOUTENIR l'intérêt du lecteur. Voici quelques façons d'y arriver :

— *Pour les développements par étapes :*
  • réservez pour la fin l'aspect essentiel : allez du plus superficiel au plus profond, par gradation.

— *Pour un développement comparatif :*
  • construisez l'ensemble de vos paragraphes en fonction de la solution à laquelle vous voulez conduire le lecteur : si les différences vous semblent plus évidentes que les ressemblances, terminez par elles. Progressez vers la solution que vous adoptez.

— *Pour un développement dialectique :*
  - si vous adoptez une thèse, communiquez d'abord les objections;
  - si vous rejetez une thèse, communiquez d'abord les arguments favorables.

L'introduction

Elle prépare le lecteur à lire le développement, elle lui ouvre l'appétit.

a) l'idée-contact (sujet amené)

Elle situe le sujet dans un contexte général afin de susciter précisément cet intérêt du lecteur. Qu'est-ce qui, dans le sujet de la dissertation, permet de susciter l'intérêt du lecteur? Répondre à cette question, c'est rédiger l'idée-contact.

b) l'idée-sujet (sujet posé)

Elle précise l'orientation du sujet. Il est préférable de ne pas laisser le lecteur jouer à la devinette. Quand l'orientation du sujet est explicative (montrer, prouver, décrire...) on a peu de choix : on l'énonce. Quand elle est critique (discuter, juger, apprécier...) on peut énoncer le sujet sous forme de problème, d'interrogation, de possibilité.

c) l'idée-structure du développement (sujet divisé)

Elle indique au lecteur le parcours que l'on entend poursuivre lors de la démonstration ou du débat. Elle annonce les grandes décisions du développement, la démarche suivie, les moyens utilisés. Attention! s'en tenir à l'essentiel : trop de détails entraîneraient une perte d'intérêt chez le lecteur pour qui le développement ne serait plus que répétition.

La conclusion

Elle ferme à la fois le sujet et lui redonne un nouveau départ.

a) l'idée-synthèse

La conclusion n'apprendra rien de neuf au lecteur. Elle correspond à son besoin de revoir rapidement les explications du développement. Il s'agit donc de résumer ce développement en faisant ressortir la progression choisie de manière à lui rappeler l'ensemble de la démarche.

b) l'idée-contexte

Cette idée ressemble à l'idée-contact de l'introduction. Elle ouvre le sujet par rapport à des aspects qui n'ont pas été traités dans le développement; elle situe le sujet dans un contexte plus large, dans une perspective plus étendue. Elle fera donc référence aux connaissances générales du lecteur.

Rappel des opérations

1. **Rédiger le développement**
   - Énoncer des idées principales
   - Énoncer des idées secondaires
   - Illustrer ces idées par des faits
   - Assurer une progression dans les idées

2. **Rédiger l'introduction**
   - Énoncer l'idée-contact
   - Énoncer l'idée-sujet
   - Énoncer l'idée-structure du développement

3. **Rédiger la conclusion**
   - Énoncer l'idée-synthèse
   - Énoncer l'idée-contexte

BIBLIOGRAPHIE

BESSON, Robert. La pratique de l'expression française orale et écrite, Paris, éditions André Casteilla, coll. «Les nouveautés de l'enseignement», 1980, 155 pages.

BOISSONNAULT, Pierre et autres. La dissertation. Outil de pensée, outil de communication, Québec, éditions La lignée inc., 1980, 255 pages.

DUBREUIL, Richard. Méthodes de travail de l'élève et de l'étudiant, Paris, éditions Vuibert, coll. «Documents et méthodes», 1977, 64 pages.

En collaboration. Documents pédagogiques 2, Cahier méthodologique par un groupe de professeurs du département de philosophie, Collège de Maisonneuve, coll. «Documents de Maisonneuve», s.d., 27 pages.

8

L'ESSAI

rédigé par Liliane Goulet

1. Définition

Texte suivi, de **forme libre**, au **caractère provisoire** où l'on exerce sa créativité entendue principalement comme capacité de réaliser une **synthèse personnelle** laissant voir une **vision originale** sur un sujet.

Les termes en caractères gras seront précisés à l'intérieur de ce chapitre. Cependant, l'on peut affirmer immédiatement que cette définition de l'essai est lourde de sens puisqu'elle vous invite à faire preuve d'un maximum de subjectivité. Lorsque vous travaillez à un essai, vous choisissez une perspective centrale autour de laquelle vous organisez votre pensée personnelle sur un sujet, vous nommez les choses à votre façon, vous donnez à votre texte une saveur qui vous est propre. Vous pourrez y affirmer tant des idées que des intuitions. Dès lors l'obsession de l'objectivité peut faire place à celle de la cohérence.

2. Étapes

A) le sujet

B) la documentation

C) le traitement de la documentation

D) la structure de l'essai

E) la rédaction de l'essai

A) Le sujet

Quel que soit le sujet de l'essai, vous aurez à vous situer par rapport à lui, à prendre position, à légitimer votre position. Mais avant de se situer par rapport à un sujet, il est préférable de le comprendre!

1. La signification du sujet

De quoi s'agit-il?

Pour répondre à cette question, consulter les pages 82 et 83 du chapitre 7 consacré à la dissertation. Qu'il s'agisse d'un essai ou d'une dissertation, la manière de répondre à cette question reste la même.

Dans le cas où le sujet est libre, le choisir en fonction de vos intérêts personnels, professionnels ou communautaires; en fonction aussi du temps dont vous disposez pour réaliser votre travail. Plus un sujet est simple et bien délimité, moins il exige de temps.

2.   L'approche du sujet

Pour vous faire une première idée de votre sujet et pour le situer dans un cadre général, les ouvrages de référence peuvent vous être utiles. Vous en tirerez des éléments pour votre introduction, des définitions, des statistiques, etc. Si vous hésitez entre deux sujets, le fait de consulter des ouvrages de référence peut vous aider à effectuer un choix. Le tableau «Ouvrages de référence» à la page 33 du chapitre 4 consacré à la recherche documentaire vous aidera dans cette phase de déblayage.

Dans un essai, toutes les informations que vous communiquerez doivent passer par le prisme de votre subjectivité, n'hésitez donc pas à approcher votre sujet avec une mentalité critique et imaginative.

La mentalité critique interroge toute réalité, elle se demande :

Comment se fait-il que les choses se passent ainsi?

Comment expliquer que tel auteur ou telle personne pense de cette manière?

Comment m'expliquer que, moi, je pense de telle manière?

La mentalité imaginative interprète toute réalité, elle se demande :

Quel sens donner à tel fait, tel événement, tel témoignage?

Quels liens établir entre telle information et telle autre?

Quelles solutions trouver à tel problème ou ensemble de problèmes?

Ces deux mentalités se complètent : la première observe, explique et juge la réalité; la seconde découvre des liens entre les différents aspects de la réalité et invente des perspectives, des angles de vision, des solutions.

B) La documentation

Il s'agit de réunir le plus d'informations possibles sur le sujet. Puisque l'essai reflètera votre pensée personnelle, il est préférable, avant de partir à la recherche d'informations, de FORMULER l'angle sous lequel vous traiterez votre sujet, LA PERSPECTIVE CENTRALE autour de laquelle vous organiserez votre pensée. Cette formulation, même provisoire, vous guidera dans le choix des informations à recueillir. Vous prêterez alors plus d'attention à tous les renseignements que vous pourrez lui associer.

Voici quatre catégories que vous pouvez avoir en tête avant d'entreprendre votre recherche d'informations. Ces catégories vous serviront de PLAN DE RECHERCHE, elles vous feront économiser du temps et vous seront d'un précieux secours lorsque le moment sera venu de fabriquer votre synthèse.

Catégories de recherche
1. Ces informations alimentent ma perspective
2. Ces informations mettent en doute ma perspective
3. Ces informations contredisent ma perspective
4. Informations intéressantes mais difficilement intégrables à l'une des trois catégories précédentes (ces informations s'appellent : données non intégrées)

À ces quatre catégories correspondent quatre décisions possibles.

Décisions possibles
1. J'utiliserai ces informations pour CONSOLIDER ma perspective
2. J'utiliserai ces informations pour NUANCER ma perspective
3. Si j'utilise ces informations ce sera pour les CRITIQUER
4. Je ne sais pas encore ce que je ferai de ces informations.

Vous avez peut-être d'autres catégories, alors modifiez celles qui précèdent, ajoutez-en d'autres. Cela fait, vous pouvez utiliser la démarche documentaire suivante que vous modifierez, elle aussi, selon vos besoins.

1. Vos idées et intuitions

Elles sont votre point de départ. **Les idées** s'appuient sur des faits qui deviennent des éléments de preuve ou d'illustration; **les intuitions** sont en quelque sorte des connaissances, des sentiments, des impressions que l'on ne peut ni prouver ni vérifier. Les règles de l'essai étant plus souples que celles de la dissertation à l'égard des intuitions, n'hésitez pas à les considérer. Il s'agira, lors de la rédaction, de ne pas faire prendre des vessies pour des lanternes... les lanternes n'étant pas toujours les idées!, ni les preuves puisqu'à tout moment peut surgir une contre-preuve! Si vous avez du mal à faire émerger vos idées et intuitions, vous pouvez toujours utiliser les techniques suivantes :

— **se concentrer** sur le sujet de l'essai;

— **songer** à tous les angles et points de vue permettant de cerner le sujet : sociologique, économique, historique, idéologique, psycho-affectif, etc.;

— **penser par analogie** : chercher des ressemblances, des similitudes, des rapprochements entre les idées et intuitions que vous avez déjà;

— **identifier** des phénomènes qui jouent simultanément dans les situations reliées à votre sujet;

— **raisonner par contraste** : chercher des différences, des oppositions, des arguments antagonistes;

— **rêver à partir d'associations productives** : essence et existence, temps et espace, théorie et pratique, général et particulier, avantages et désavantages, problème et solution, provisoire et définitif, etc.;

— **noter le tout** spontanément, sans ordre;

— **discuter le tout** avec d'autres étudiants-es, des amis-es.

2. Les diverses sources documentaires

Puisque l'essai a un caractère provisoire et qu'il ne prétend pas épuiser une question mais refléter la pensée d'un auteur (la vôtre) au moment où il écrit, on peut y retrouver des références à des personnes, des réalités, des événements reliés à l'actualité. Dès lors, vous pouvez vous attarder davantage à des sources documentaires qui offrent ce type d'information : périodiques, journaux, publications gouvernementales et internationales, films, spécialistes, témoins, praticiens contemporains. Les pages 32 à 36 du chapitre 4 consacré à la recherche documentaire vous fournissent de précieux renseignements quant à l'exploration et l'exploitation de ces différentes sources documentaires.

3. Une rencontre avec le professeur

Vous éprouvez peut-être le besoin de rencontrer votre professeur afin de discuter avec lui de :

— votre sujet;

— votre perspective centrale;

— votre plan de recherche;

Vous trouverez à la page 107 un tableau qui peut vous servir d'ordre du jour lors de cette rencontre. Compléter ce tableau et discuter vos décisions vous aidera à entreprendre votre recherche en toute confiance et en toute

Un ordre du jour

• **Sujet de l'essai**

_____

_____

_____

• **Perspective centrale** autour de laquelle le sujet sera traité

_____

_____

_____

• **Ouvrages à consulter**

Quoi?		Lesquels? (des titres)	Pourquoi? (des motifs)[1]	Où?
livres	○			
périodiques	○			
journaux	○			
thèses	○			
émissions T.V.	○			
films	○			
publications gouver- nementales et internationales	○			
autres	○			

• **Rencontres à effectuer**

Qui?		Lesquels? (des noms)	Pourquoi? (des motifs)	Où? Quand?
spécialistes	○			
praticiens	○			
témoins	○			
autres	○			

1 Exemples de motifs : pour alimenter ma perspective; pour nuancer ma perspective; pour en critiquer les informations.

sécurité. De plus, votre professeur vous donnera, sans doute, un coup de main pour combler les trous de votre plan de recherche si jamais vous en avez.

Quelle que soit la manière dont vous vous documenterez (livres, périodiques, entrevues, réflexion personnelle), la méthode la plus pratique consiste à **reporter sur des fiches** toutes les informations que vous jugerez utiles pour votre essai. Quant à la **confection des fiches**, consulter les pages 61 et 62 du chapitre 5 consacré à la lecture efficace.

Si vous avez adopté les catégories de recherche telles que proposées à la page 105 de ce chapitre; si vous avez décidé de confectionner des fiches, vous pouvez ajouter sur chacune d'elles, en haut à droite, un symbole indicateur correspondant à chacune des catégories de recherche. Ce symbole vous facilitera la tâche lors du traitement de votre documentation.

Catégories de recherche	Symboles
1. Ces informations alimentent ma perspective	∪
2. Ces informations mettent en doute ma perspective	⋈
3. Ces informations contredisent ma perspective	∩
4. Données non-intégrées	?

C) Le traitement de la documentation

Rappelons que l'essai exige que vous fassiez une synthèse personnelle des informations recueillies. Une synthèse se fait toujours en fonction d'un but et elle implique deux opérations mentales essentielles. Dans le contexte de ce travail, votre but c'est de mettre en valeur la perspective centrale que vous avez formulée à la page 107.

Les deux opérations mentales essentielles à toute synthèse

1. **Choisir,** parmi les informations recueillies, celles qui servent à mettre en valeur une perspective centrale.

2. **Relier** ces informations entre elles et les relier aussi à la perspective centrale.

Choisir, c'est sélectionner; sélectionner, c'est exclure; exclure, c'est réduire. On a donc souvent l'impression que toute synthèse est réductrice. Or, dans une synthèse solidement charpentée, cette perte d'informations se voit largement compensée par la richesse des liens que l'on fera entre les informations retenues. D'où l'importance de faire ces liens.

Voici maintenant une démarche susceptible de vous aider à traiter les informations que vous avez recueillies sur des fiches; autrement dit susceptible de vous aider à fabriquer votre synthèse.

1. **Lire** toutes les fiches afin d'avoir une idée globale des informations qu'elles contiennent. **Relire** aussi les idées et intuitions que vous aviez notées au début de votre recherche documentaire (voir page 105).

2. **Reformuler**, à la lumière de cette lecture, la perspective centrale. Cette perspective, c'est votre angle particulier de vision, votre originalité. Voilà pourquoi il est nécessaire de vous y attarder de nouveau. Il est possible que suite à votre recherche, il y ait un élément, un fait, un point de vue auquel vous n'aviez pas pensé et qui, maintenant, vous apparaît fondamental. Il se peut aussi que cette recherche vous ait révélé une intuition nouvelle, un «flash». La première chose à faire alors c'est de modifier la perspective centrale formulée précédemment.

   Il en va de la **cohérence de votre synthèse** car c'est en fonction de cette perspective que vous allez organiser vos informations.

3. **Réexaminer** vos catégories de recherche et **vérifier** si les informations que vous leur avez associées leur correspondent vraiment. Pour ce faire, vous pouvez vous inspirer des questions suivantes :
   — En quoi cette information consolide-t-elle ma perspective?
   — En quoi telle autre la met-elle en doute?
   — En quoi telle autre la contredit-elle?

   Noter les réponses à ces questions. Il en va du **caractère personnel de votre synthèse.**

4. **Classer** aussi de cette manière les idées et intuitions que vous aviez notées au début de votre recherche documentaire.

5. **Associer** les données non intégrées à l'une ou l'autre de vos catégories de recherche et ÉLIMINER toutes les informations nonintégrables.

   Si vous les conservez il vous faudra, lors de la rédaction de votre essai, les intégrer à votre texte sous forme de questions laissées sans réponse.

6. **Identifier** dans chacune des catégories les fiches qui contiennent des idées principales et des intuitions fondamentales ou encore, à partir de certaines fiches, **formuler** les idées principales et intuitions fondamentales qui s'en dégagent.

Vous en formulez autant que le suggèrent votre documentation et votre réflexion. Attention! les idées principales et intuitions fondamentales doivent être **différentes** les unes des autres. Vous utilisez à cet effet des feuilles mobiles; une feuille pour une idée.

7. **Regrouper** autour de chacune de ces idées principales, les fiches qui contiennent des idées secondaires.

N'oubliez pas que les idées secondaires sont souvent des faits, des preuves, des témoignages, des exemples qui servent à **illustrer** une idée principale, à lui donner du poids, de la crédibilité. Vous pouvez carrément coller ces fiches sur la feuille où vous avez inscrit l'idée principale.

Voilà, vous avez, sans vous en apercevoir ou presque, fabriqué une première version de votre essai. Il ne vous reste plus qu'à HIÉRARCHISER vos ensembles d'idées. Un ensemble d'idées c'est une idée principale associée à plusieurs idées secondaires (2 ou 3 généralement) ou encore une intuition fondamentale associée à quelques intuitions secondaires, ou encore une idée principale associée à quelques intuitions...; enfin plusieurs combinaisons sont possibles. L'important c'est la cohérence et l'originalité.

Pour une meilleure cohérence

Relire la première version de l'essai et se demander :

— d'abord, par quel ensemble d'idées commencer?
— ensuite, par quels autres ensembles continuer?
— finalement, par quel ensemble terminer?

Vous venez de dresser le plan du développement de votre essai. Considérez ce plan comme provisoire : vous serez peut-être amené à le modifier lorsque vous rédigerez la version définitive de votre essai.

Pour une plus grande originalité

Relire encore cette première version de l'essai et se demander :

— Qu'est-ce qui fait que je vois les choses ainsi?
— Comment se fait-il que j'adhère à tel courant de pensée et non à tel autre? à tel auteur et non à tel autre?
— Comment m'expliquer que ces faits-là, ces témoignages-là retiennent plus mon attention que d'autres?

— Qu'est-ce qui selon moi ne va pas? et pourquoi ça ne va pas?

— Quelles sont les solutions que je mettrais de l'avant pour que ça aille mieux? et pourquoi telle solution et non telle autre?

— etc.

Ainsi que vous pouvez le constater, il s'agit de tout passer au crible de votre subjectivité.

D) La structure de l'essai

Un essai est composé de trois parties distinctes :

1. l'introduction
2. le développement
3. la conclusion

1. L'introduction

Il n'existe qu'une structure d'introduction : elle est toujours composée de trois idées. Une première idée qui sert de contact et de préambule au sujet : SUJET AMENÉ. Une deuxième qui définit le sujet dont on va traiter, l'angle sous lequel le sujet sera abordé : SUJET POSÉ. Une troisième qui annonce les articulations principales du développement : SUJET DIVISÉ. L'introduction représente environ 10% de la longueur totale de l'essai.

2. Le développement

Il existe plusieurs manières de structurer un développement. Vous avez d'ailleurs déjà opté pour une structure à la page 110. Quelle qu'en soit la structure, le développement d'un essai est composé de plusieurs idées et intuitions organisées les unes par rapport aux autres de manière à communiquer avec cohérence et originalité une synthèse personnelle sur un sujet donné. Le développement représente environ 80% de la longueur totale de l'essai.

3. La conclusion

Comme dans l'introduction, on retrouve une structure dans la conclusion : elle est toujours composée de deux idées : la première résume le développement. La seconde situe le sujet dans un contexte général. La conclusion représente environ 10% de la longueur de l'essai.

E) La rédaction de l'essai

Les étapes antérieures : le sujet, la documentation, le traitement de la documentation ont servi à préparer votre essai, à comprendre la question posée, à en cerner tous les aspects. Vous avez été jusqu'à maintenant dans un état de réceptivité. Ce travail de préparation et de compréhension étant terminé, vous changez du tout au tout votre attitude. D'une personne qui «écoute», vous devenez une personne qui «parle»; d'une personne qui comprend, vous devenez une personne qui se fait comprendre.

On peut prendre plus de liberté en rédigeant un essai qu'on en prend pour rédiger une dissertation. L'essai peut revêtir des formes diverses : dialogue, lettre, journal intime, éditorial, article de combat, plaidoyer, etc. Il peut adopter aussi différents tons : modéré, persuasif, polémique, intimiste, humoristique, etc. Cela dépend de vos intentions, de la nature des informations que vous détenez et de votre aisance personnelle.

— VOS INTENTIONS : voulez-vous partager tout simplement votre point de vue? convaincre? provoquer? émouvoir? amuser?

— LA NATURE DE VOS INFORMATIONS : avez-vous une égale proportion d'idées/preuves et d'intuitions/impressions? avez-vous davantage des unes que des autres?

— VOTRE AISANCE : êtes-vous surtout une cérébrale? êtes-vous davantage un intuitif?

Par exemple:

— si vous décidez de donner à votre essai la forme d'un plaidoyer et qu'en plus vous adoptez un ton polémique afin de provoquer et de convaincre tout à la fois votre lecteur, vous auriez intérêt à posséder plus d'idées/preuves que d'intuitions/impressions;

— si vous êtes une cérébrale, votre essai contiendra sans doute davantage d'idées/preuves toutes liées logiquement les unes aux autres et au bas desquelles on pourra ajouter : C.Q.F.D.[1]. N'insistez pas alors sur le ton persuasif, la persuasion se fera d'elle-même... à moins que vous ne tombiez sur un lecteur intuitif qui ne se laissera pas convaincre par votre raison raisonnante! Travaillez surtout l'originalité, elle sera peut-être votre pierre d'achoppement;

— si vous êtes un intuitif, votre essai contiendra sans doute davantage d'intuitions/impressions toutes plus originales les unes que les autres. N'insistez pas alors sur le ton polémique... votre lecteur sera peut-être un cérébral qui exigera des

---

1 C.Q.F.D.: Ce qu'il fallait démontrer.

preuves avant de rendre son jugement! Travaillez surtout la cohérence, elle sera peut-être votre talon d'Achille.

Bref, il s'agit d'opter pour une forme et un ton qui vont :

— respecter votre aisance personnelle;

— rendre justice aux informations que vous détenez;

— servir vos intentions.

■ **Maintenant il s'agit de rédiger**

Lorsqu'un lecteur aura en main votre essai, il commencera par lire l'introduction, puis le développement, ensuite la conclusion. C'est l'ordre logique de la lecture. Mais vous qui en êtes l'auteur, vous commencerez d'abord par rédiger le développement, puis l'introduction, ensuite la conclusion. C'est l'ordre logique de la rédaction.

Le développement

Le développement doit amener le lecteur d'un point à un autre tout en soutenant son intérêt; il doit évoluer dans une direction précise, celle de votre perspective centrale. Cette évolution des idées et des intuitions du développement s'appelle la PROGRESSION. Il existe plusieurs types de progression :

• **par étapes** : traiter tour à tour chacun des aspects d'une question;

• **chronologique** : traiter par tranches de temps;

• **comparatif** : associer point par point les éléments à comparer;

• **dialectique** : opposer point par point les éléments à confronter;

• etc.

Étapes

1. **Décider** du type de progression.

2. **Vérifier** si la progression choisie convient au plan déjà dressé (celui de la page 110). **Modifier** le plan si nécessaire, si non **conserver** tel quel.

3. **Mettre en phrases** les idées et les intuitions retenues dans l'ordre choisi.

4. **Séparer** en paragraphes chaque ensemble de phrases; un paragraphe contient une idée principale et les idées secondaires qui servent à l'expliquer ou l'illustrer; une idée principale et quelques intuitions.

5. **Lier** les paragraphes les uns aux autres par des mots de liaison tels : de plus, par ailleurs, toutefois, etc.

N'oubliez pas que la fonction principale du développement c'est de SOUTENIR l'intérêt du lecteur. Pour ce faire, consultez la page 98 du chapitre 7 sur la dissertation.

L'introduction

Elle prépare le lecteur à lire le développement, elle lui ouvre l'appétit.

a) l'idée-contact

Elle situe le sujet dans un contexte général afin de susciter précisément cet intérêt du lecteur. *Qu'est-ce qui, dans le sujet de l'essai, permet de susciter l'intérêt du lecteur?* Répondre à cette question, c'est rédiger l'idée-contact.

b) l'idée-sujet

Elle précise l'orientation du sujet. Il est préférable de ne pas laisser le lecteur jouer à la devinette. On peut énoncer le sujet sous forme de problème, d'interrogation, de possibilité.

c) l'idée-structure du développement

Elle indique au lecteur le parcours que l'on entend poursuivre tout au long de l'essai. Elle annonce les grandes articulations du développement, la démarche suivie, les moyens utilisés. Attention! s'en tenir à l'essentiel : trop de détails entraîneraient une perte d'intérêt chez le lecteur pour qui le développement ne serait plus que répétition.

La conclusion

Elle ferme à la fois le sujet et lui redonne un nouveau départ.

a) l'idée-synthèse

La conclusion n'apprendra rien de neuf au lecteur. Elle correspond à son besoin de revoir rapidement l'ensemble des idées et des intuitions du développement. Il s'agit donc de résumer ce développement en faisant ressortir la progression choisie de manière à lui rappeler l'ensemble de la démarche.

b) l'idée-contexte

Cette idée ressemble à l'idée-contact de l'introduction. Elle ouvre le sujet par rapport à des aspects qui n'ont pas été traités dans le développement; elle situe le sujet dans un contexte plus large, dans une perspective plus étendue. Elle fera donc référence aux connaissances générales du lecteur.

■ **Maintenant il s'agit de corriger**

— **Utiliser** une grammaire et un dictionnaire.
— **Éviter** les incorrections, les impropriétés.
— **Contrôler** l'emploi des modes et des temps de verbes.
— **Vérifier** l'orthographe, la ponctuation.
— **Faire lire** le texte à un-e ami-e.
— **Rédiger** définitivement le texte s'il y a lieu.

BIBLIOGRAPHIE

En collaboration. Documents pédagogiques 2, Cahier méthodologique par un groupe de professeurs du département de philosophie, Collège de Maisonneuve, coll. «Documents de Maisonneuve», s.d., 27 pages.

BOISSONNAULT, Pierre et autres. La dissertation. Outil de pensée, outil de communication, Québec, éditions La lignée inc., 1980, 255 pages.

DUBREUIL, Richard. Méthodes de travail de l'élève et de l'étudiant, Paris, éditions Vuibert, coll. «Documents et méthodes», 1977, 64 pages.

9

LE TRAVAIL DE RECHERCHE

rédigé par Liliane Goulet

1. Définition

Le travail de recherche permet d'approfondir ses connaissances sur un sujet donné, de clarifier ses idées et de les communiquer par écrit d'une façon logique et rigoureuse.

2. Étapes

A) Le sujet

B) Le but du travail

C) La problématique et l'hypothèse

D) La documentation

E) Le traitement de la documentation

F) La rédaction

Qu'il s'agisse d'un travail de recherche ou d'une dissertation, les étapes documentation, traitement de la documentation et rédaction sont les mêmes. Nous ne répéterons pas ici tout ce qui a été dit à leur sujet dans le chapitre 7 consacré à la dissertation : les renvois nécessaires seront effectués. Nous nous attarderons davantage aux trois premières étapes : le sujet, le but du travail, la problématique et l'hypothèse. Par ailleurs, avant de commencer un travail de recherche, il serait tout indiqué de lire attentivement le chapitre 4 consacré à la recherche documentaire : il vous fournit de précieux renseignements, particulièrement aux pages 43-44 et 46 à 48.

A) Le sujet

1. Choisir le sujet

Il est préférable de prendre tout le temps nécessaire pour procéder à ce choix. Plusieurs critères peuvent vous y aider.

— vos intérêts

Puisque vous en avez le loisir, ne passez pas à côté de vos intérêts personnels, professionnels ou communautaires. Dressez la liste de ces intérêts et demandez-vous :

- **en quoi ce sujet me mobilise-t-il?**
- **à laquelle de mes préoccupations est-il relié?** (préoccupation sociale, politique, scientifique, artistique, etc.)
- **ce sujet m'intéresse-t-il au point de lui consacrer des dizaines d'heures?**

Si vous hésitez entre deux sujets, le fait de consulter des ouvrages de référence peut vous aider à effectuer un choix. Le tableau «Ouvrages de référence» à la page 33 du chapitre 4 consacré à la recherche documentaire vous aidera lors de cette phase de déblayage.

Hélas! vos intérêts ne sont pas l'unique critère de votre choix. Il vous faudra considérer aussi le temps dont vous disposez pour faire votre travail de recherche ainsi que la documentation disponible.

— le temps

Certains sujets sont trop complexes et nécessitent le dépouillement d'une documentation trop vaste pour être convenablement accomplis dans les limites du temps qui vous est alloué. Pour en savoir plus long sur la complexité d'un sujet, lisez la page 86 du chapitre 7 consacré à la dissertation.

— la documentation

Avant de choisir définitivement un sujet, vous pouvez passer en revue les ressources documentaires qui sont à votre disposition en consultant les instruments bibliographiques des bibliothèques et différents centres de documentation de l'institution que vous fréquentez, les répertoires de l'audio-vidéothèque et de l'audio-visuel; en visitant les bibliothèques et centres de documentation de votre quartier, de diverses associations.

Il ne s'agit pas, à ce stade, de consulter les ouvrages mais d'évaluer la quantité de documentation disponible par rapport à votre sujet. À l'occasion, notez cependant des titres d'ouvrages, photocopiez des tables de matières.

Vous pouvez aussi dresser la liste des personnes-ressources (spécialistes, praticiens, témoins) dont les témoignages pourraient être utiles à votre travail.

2. Restreindre le sujet

Vous avez choisi un sujet qui correspond à vos intérêts, mais vous vous êtes aperçu qu'il existe trop ou trop peu de documentation le concernant. S'il existe trop peu de documentation, vaut mieux changer de sujet à moins que votre professeur vous permette de transformer votre travail de recherche en recherche-action. Entendez-vous alors avec lui sur les méthodes et moyens à utiliser pour la mener à terme.

S'il existe trop de documentation, il est préférable de restreindre le sujet afin de le traiter en profondeur. Sinon vous risqueriez de vous perdre dans une masse d'informations et de produire un travail superficiel.

À la lumière de vos connaissances et du survol que vous avez fait de la documentation disponible, précisez, délimitez, circonscrivez votre sujet. Par exemple, avec un sujet comme «le chômage au Québec», il faudrait déterminer une tranche de temps, un secteur particulier, une population-cible.

B) Le but du travail

Après avoir précisé votre sujet, vous avez à décider de l'orientation de votre travail. Voici quelques questions que vous pouvez alors vous poser :

— *est-ce que je veux informer en décrivant une situation?*

— *est-ce que je veux dénoncer une situation?*

— *est-ce que je veux retracer un courant de pensée?*

— *est-ce que je veux persuader, recommander?*

— *etc.*

C) La problématique et l'hypothèse

Cette étape est fondamentale, c'est le caractère personnel de votre travail qui est en jeu. Vous avez choisi un sujet qui vous intéresse et vous préoccupe sans doute parce que la situation qui lui est associée est insatisfaisante à vos yeux. Il s'agit maintenant d'établir la problématique reliée à votre sujet et de formuler une ou deux hypothèses de traitement de cette problématique.

1. Problématique

— **Dresser** la liste de tous les problèmes associés à votre sujet en vous posant la question suivante :

  • *Qu'est-ce qui ne va pas?*

— **Regrouper** les problèmes appartenant à un même ordre (social, politique, économique, psycho-affectif, philosophique, scientifique, etc.);

— **Établir** des priorités, des degrés d'importance dans ces différents ordres de problèmes.

Il est possible qu'à ce stade-ci votre problématique soit incomplète et surtout intuitive.
Un des buts de votre recherche sera précisément de la consolider.

2. Hypothèse-s

Il existe plusieurs types d'hypothèses, tout
dépend du but que vous vous êtes fixé. Si vous
voulez informer par l'analyse et la description
d'une situation votre hypothèse sera
explicative; elle devra donner une réponse à la
question suivante :

• *Pourquoi ça ne va pas?*

Si, en plus d'informer, vous voulez mettre
de l'avant quelques recommandations afin de
modifier la situation, votre hypothèse sera
transformative; elle devra répondre à la
question suivante :

• *Qu'est-ce qu'il faut faire pour que ça aille
mieux?*

Quelle que soit la nature de votre hypothèse, elle demeure une proposition que vous
discuterez et défendrez tout au long de votre
travail de recherche.

Vous avez, à ce stade-ci, à formuler brière-
ment une réponse à l'une ou l'autre des
questions précédentes ou encore aux deux.
Considérez que ces réponses sont provisoires.
Votre recherche les consolidera, les nuancera.

C'est à partir de cette hypothèse ou de ces
hypothèses que vous choisirez les documents à
lire et les personnes à rencontrer.

Avant de commencer la recherche de la
documentation, vous éprouvez peut-être le
besoin de rencontrer votre professeur afin de
discuter le tout avec lui. Si tel est le cas, la grille
qui suit peut vous servir d'ordre du jour. Du
même coup, cet ordre du jour complété et
discuté vous servira de plan de recherche.

Un ordre du jour

- **Sujet du travail de recherche**

  _____
  _____

- **But du travail**

  _____
  _____

- **Problématique** (_Qu'est-ce qui ne va pas?_)
  énoncé des problèmes majeurs soit dans leur manifestation, soit dans leurs conséquences

  _____
  _____

- **Hypothèse explicative** (_Pourquoi ça ne va pas?_)

  _____
  _____

- **Hypothèse transformative** (_Qu'est-ce qu'il faut faire pour que ça aille mieux_) (facultatif)

  _____
  _____

- **Ouvrages à consulter**

Quoi?		Lesquels? (des titres)	Pourquoi? (des motifs)	Où?
livres	○			
périodiques	○			
journaux	○			
thèses	○			
émissions T.V.	○			
films	○			
publications gouver- nementales et internationales	○			
autres	○			

- **Rencontres à effectuer**

Qui?		Lesquels? (des noms)	Pourquoi? (des motifs)	Où? Quand?
spécialistes	○			
praticiens	○			
témoins	○			
autres	○			

D) La documentation

Quelle que soit la manière dont vous vous documenterez (livres, périodiques, entrevues, réflexion personnelle), la méthode la plus pratique consiste à **reporter sur des fiches** toutes les informations que vous jugerez utiles pour votre recherche. Quant à la **confection des fiches**, consulter les pages 61 et 62 du chapitre 5 consacré à la lecture efficace.

E) Le traitement de la documentation

Consulter les pages 89 à 93 du chapitre 7 consacré à la dissertation.

F) La rédaction

Consulter les pages 96 à 100 du chapitre 7 consacré à la dissertation. Vous pouvez aussi consulter le chapitre 10 consacré à la rédaction de textes.

10

LA RÉDACTION DE TEXTES

rédigé par Liliane Goulet

Écrire c'est communiquer, transmettre un message à des lecteurs-trices. La communication, fonction sociale, est un phénomène complexe : entre le message transmis par l'auteur-e et celui qui est compris par les destinataires, il y a souvent de multiples distorsions, toutes sortes d'interprétations. D'où la nécessité d'être concret-e, clair-e, logique. D'où la difficulté aussi.

Si vous vous désolez d'avoir à récrire vos textes plusieurs fois, réjouissez-vous : vaut mieux le savoir, écrire c'est difficile. Rien n'est magique quand on écrit et la seule façon d'écrire mieux, c'est d'écrire toujours davantage.

Écrire exige du temps et la plus grande erreur consisterait à vouloir tout régler en même temps. Les problèmes d'écriture étant nombreux et complexes, il est préférable de les diviser et les résoudre un à la fois. Ainsi ce chapitre vous propose une méthode en trois étapes. Ces trois étapes correspondent à la rédaction de trois versions d'un texte. Oui, trois versions.

Lors de la première version, vous vous préoccuperez de faire émerger vos idées; lors de la deuxième, de les ordonner; lors de la troisième, d'en parfaire le style, l'orthographe et la ponctuation.

Ce chapitre a été conçu en fonction de l'écriture de travaux scolaires, mais son contenu est applicable à tout travail d'écriture.

SOMMAIRE

3   **Troisième étape**

   A) Avant de rédiger la troisième version d'un texte

   B) La troisième version d'un texte
      1.   parfaire le style
      2.   corriger l'orthographe et la ponctuation

4   **Pour écrire mieux, écrire davantage**

1. Première étape

A) Avant de rédiger la première version d'un texte

Quel que soit le texte à rédiger, il est préférable, avant d'écrire, de s'assurer que l'on a quelque chose à communiquer. Normalement vous devriez avoir en main la documentation dont vous aurez besoin, toutes les informations nécessaires à votre travail. Mais, possédez-vous bien votre sujet? Pour vous en assurer, il vous faut :

— **résumer le sujet** en énumérant les éléments essentiels; deux ou trois phrases devraient suffire;

— **détailler le sujet** en alignant les trois ou quatre idées principales qu'on désire communiquer; les idées majeures autour desquelles on veut construire le texte.

Ce petit exercice vous donnera **le plan sommaire** de votre texte.

B) La première version d'un texte

Surtout n'attendez pas de vous sentir psychologiquement prêt-e à commencer pour commencer! N'attendez pas d'avoir le goût, ni d'être inspiré-e. Vous avez en main votre documentation, vous possédez votre sujet, vous avez tracé un plan sommaire, vous n'avez plus qu'à vous jeter sur la page.

Écrivez en vrac, le plus possible, sans ordre. Ne vous préoccupez pas de l'introduction, ni de la conclusion; si des idées les concernant surgissent, notez-les sur une feuille à part. Oubliez le style et la ponctuation. Entrez dans le vif de votre sujet, écrivez au fil de la plume, écrivez-en plus que moins.

Pigez à même votre documentation une statistique, un exemple, un témoignage, un fait, un commentaire, une citation qui semblent éclairer vos idées, renforcir votre propos. Si des idées nouvelles se pointent, écrivez-les. **Visez la spontanéité et l'abondance** : il sera plus facile, par la suite, d'éliminer que d'ajouter.

Sachez cependant que cette première version sera mauvaise. Elle ressemblera à un pommier dont la plupart des pommes sont encore vertes. Mais, votre sujet et vos idées auront mûri.

Suggestions techniques utiles

— **Écrire au recto des feuilles seulement**; ainsi vous pourrez découper les passages que vous jugerez valables au lieu de les retranscrire lors de la deuxième version de votre texte.

— **Ne pas retranscrire les informations pigées dans la documentation**, les découper si nécessaire et les coller à même le texte de la première version.

— **Se munir de papier en abondance**; de crayons à mine, c'est plus facile à effacer; de ciseaux et de papier adhésif transparent.

— **Prévoir deux feuilles à part** : une titrée introduction, l'autre conclusion; elles serviront à noter les idées concernant ces parties.

2. Deuxième étape

A) Avant de rédiger la deuxième version d'un texte

Le temps est venu d'imposer un certain ordre à votre texte, d'établir des liens logiques entre les idées et les paragraphes. En d'autres termes, le temps est venu de **dresser un plan définitif.** Pour la plupart d'entre vous, cette étape sera la plus difficile. Afin de vous y aider, **interrogez-vous sur :**

— votre intention de communication;

— vos lecteurs.

1. L'intention de communication

Quel but poursuivez-vous en rédigeant ce texte? Voulez-vous : informer sur un événement? analyser une situation? défendre un point de vue? engager un débat? Les réponses données à ces questions révèlent votre intention de communication; elles vous permettront d'identifier l'ordre à imposer à votre texte, le type de progression à adopter. Au sujet des types de progression possible, consultez les pages 97-98 du chapitre 7 et la page 114 du chapitre 8.

2. Les lecteurs

C'est à eux que vous vous adressez. Il est donc important de les connaître un peu. Interrogez-vous sur leur connaissance du sujet; cela vous indiquera les passages qu'il faudra développer ou résumer. Interrogez-vous aussi sur leur mentalité, leur sensibilité, leurs réactions possibles; cela vous permettra de préciser le type de progression à adopter.

En contexte scolaire, le lecteur c'est généralement le professeur. Cela vous assure une position à la fois confortable et inconfortable. Confortable parce que vous en savez plus sur lui que sur un lecteur anonyme. Par ailleurs, ce lecteur vous attribuera une note; cela peut devenir un problème.

3. Le plan définitif

Vous êtes en mesure de dresser le plan définitif du développement de votre texte. Pour ce faire, **complétez et ordonnez votre plan sommaire.** Interrogez l'utilité et la place de chacune des idées principales. Procédez à ce questionnement **en mettant en rapport** les idées principales, le sujet de votre travail, votre intention de communication et vos lecteurs. N'oubliez pas que chacune des idées principales se présente comme une approche particulière du sujet. Une ou deux idées principales peut donner l'impression d'un sujet mal couvert alors qu'un trop grand nombre d'idées principales peut présenter un aspect de dispersion pour les lecteurs. Puis, aux idées principales, ajoutez les idées secondaires. Deux ou trois idées secondaires pour chaque idée principale devraient suffire. N'oubliez pas que les idées secondaires sont souvent des faits, des preuves qui illustrent les idées principales. Vous trouverez à la page 94 du chapitre 7 un schéma de plan définitif. Ce plan vous protégera contre certains égarements et vous incitera à rester dans le sujet.

B) La deuxième version d'un texte

Lors de la première version, vous avez visé l'abondance et la spontanéité. Lors de la deuxième version, vous viserez **l'ordre et la proportion.** Pour réaliser ce but, **relisez la première version** et récrivez-la à la lumière de votre intention de communication et de votre plan définitif. En d'autres termes, secouez le pommier. Mais, comment procéder? Voici quelques indications.

1. Comparer la première version à l'intention de communication

Si votre intention de communication est:

— **d'informer sur un événement;** communiquez des faits, évitez de juger; votre texte devra, dans l'ordre, répondre aux questions suivantes :
  - *quoi,* afin que le lecteur apprenne ce qui se passe;
  - *qui,* afin de livrer des renseignements sur les personnes ou organismes impliqués;

- *où,* afin de situer l'événement dans l'espace;
- *quand,* afin de situer l'événement dans le temps;
- *comment,* afin d'informer sur le déroulement de l'événement et sur ses conséquences;
- *pourquoi,* afin de situer l'événement dans son contexte social, politique, culturel, scientifique...

— **d'analyser une situation;** communiquez aussi ces faits dans l'ordre, puis dépassez-les en mettant en parallèle les différentes thèses et antithèses de telle sorte que l'on pourra dégager des conclusions;

— **de sensibiliser à une problématique, proposer un plan d'action;** communiquez les problèmes ou ensembles de problèmes avant de proposer des solutions; prévoyez une progression dans l'exposition des problèmes : des plus simples aux plus complexes; il en va de même pour les actions : traitez d'abord des plus faciles à appliquer, évaluez leur faisabilité en considérant les moyens disponibles, les ressources, le temps, les mentalités...;

— **de défendre une opinion;** posez bien le sujet, adoptez une progression qui mette en valeur l'opinion que vous défendez en démontrant, par exemple, la faiblesse et les limites des opinions contraires;

— **d'engager un débat;** mettez en parallèle des points de vue contradictoires, faites voir la valeur et les limites de chacun; surtout ne tranchez pas, ce sera le rôle du lecteur.

2. **Ajuster la première version au plan définitif**

— Pour chacune des idées de votre texte, évaluez :
  - **son utilité** : cette idée est-elle nécessaire?
  - **sa place** : cette idée est-elle bien située?
  - **son développement** : cette idée est-elle assez ou trop élaborée?

Découpez les passages que vous conservez et collez-les, dans l'ordre, sur des feuilles blanches. Qu'importe si, à ce stade-ci, le style est lourd, la ponctuation défectueuse; l'important c'est l'ordre logique et l'équilibre du texte. **Mettez en réserve les passages qui vous semblent utiles, mais que vous n'arrivez pas**

à intégrer. Jetez le reste.

— Si la deuxième version de votre texte contient des trous et des longueurs :

- **éliminer** les passages inutiles (attention aux répétitions et aux exemples, ces derniers sont souvent trop nombreux et servent parfois à masquer l'absence d'idées. Bien distinguer l'idée de l'exemple qui l'illustre. Dix exemples ne valent rien s'ils ne sont pas chapeautés d'une idée);

- **résumer** les passages trop longs (attention encore aux exemples trop élaborés);

- **développer** les passages trop courts (une idée principale s'accompagne de deux à trois idées secondaires);

- **ajouter** les passages manquants : (une idée principale et ses idées secondaires; ces idées sont peut-être contenues dans les passages qui vous semblaient utiles tout à l'heure et que vous n'arriviez pas à intégrer; si, à ce stade-ci, vous n'arrivez pas à intégrer ces passages dans le corps de votre texte, jetez-les).

3. Personnaliser votre texte

Jusqu'à présent, vous avez évalué vos idées de manière assez objective : leur utilité, leur place, leur développement. Vous pouvez aussi procéder à une évaluation plus subjective de vos idées. Vous demander, par exemple, si telle idée correspond à vos valeurs, vos croyances, vos intuitions. Si telle autre est de nature à vous procurer l'approbation de vos lecteurs, de votre lecteur-professeur? Dans le cadre d'un travail scolaire, ces aspects peuvent poser problème. Dans les cas où vous savez que le contenu de votre texte va à l'encontre des idées de votre lecteur-professeur, préparez-vous psychologiquement à défendre les vôtres.

Mais, surtout, **rendez inattaquable la partie informative de votre texte** : des statistiques justes, des citations exactes, une documentation solide. Puis, procédez à une analyse serrée qui s'appuie sur **des faits** et posez la subjectivité de tous les points de vue. Finalement, concluez selon vos valeurs, croyances et intuitions avec fermeté, mais sans sarcasme. Vous serez en mesure, alors, d'assumer d'éventuelles confrontations et, le cas échéant, de demander une révision de note.

4. Conclure et introduire

Il vous reste maintenant à conclure et à introduire. Souvenez-vous que conclure, c'est d'abord résumer l'essentiel du texte, puis faire appel à l'action si nécessaire ou poser une question qui élargit la réflexion. Souvenez-vous qu'introduire, c'est exposer brièvement le sujet, en démontrer l'intérêt, piquer la curiosité du lecteur en citant un exemple frappant, un fait scandaleux...

À la page 128 de ce chapitre, nous décrivons la structure d'un texte à caractère informatif : *quoi, qui, où, quand, pourquoi, comment.* Cette structure est très utilisée dans les milieux journalistiques. Les journalistes appellent «lead» l'introduction de leur texte.

Le «lead» c'est l'essence même de la nouvelle et du communiqué journalistiques : il contient, en résumé, sa substance. Le «lead» c'est un paragraphe de quatre ou cinq lignes qui répond aux questions : *quoi, qui, où, quand.* Le pourquoi et le comment faisant l'objet des paragraphes suivants.

Vous trouverez d'autres informations concernant la conclusion et l'introduction à la page 111 du chapitre 8.

— Suggestions techniques pour proportionner les paragraphes

Celles et ceux qui ont de la difficulté à proportionner leurs paragraphes trouveront à la page 98 du chapitre 7 des suggestions susceptibles de les aider. Pour ceux qui ont de la difficulté à ordonner, dans un paragraphe, l'idée principale et ses idées secondaires, voici un exemple inspiré de la méthode CIMA :

C : (*contact*) présenter avec vigueur et clarté la 1ère idée;

I : (*illustration*) l'illustrer par des exemples, des faits, des citations, des chiffres, un aperçu historique;

M : (*motivation*) raisonner à l'aide d'exemples choisis;

A : (*action*) conséquence et transition : mettre un terme à l'idée ou l'argument et annoncer le prochain.

3. Troisième étape

A) Avant de rédiger la troisième version d'un texte

Le temps est venu de laisser reposer votre texte un jour ou deux. Profitez de cet arrêt pour demander à un-e ami-e, un-e collègue de lire et **commenter** la deuxième version de votre texte. Afin de lui faciliter la tâche, présentez-lui ces jalons d'appréciation qu'elle ou qu'il pourra reproduire sur la deuxième version de votre texte.

À conserver	
contenu	**style**
— bonne synthèse	— mot précis
— très clair	— phrase concise
— argumentation solide	— formulation vivante, vigoureuse, ton juste
— exemple approprié, convaincant	— etc.
— etc.	

À retravailler	
contenu	**style**
— paragraphe trop long	— mot vague
— paragraphe imprécis	— phrase trop longue, complexe, faute d'orthographe
— développement insuffisant	— erreur de ponctuation
— exemple inutile, inapproprié, répétition inutile	— ton inapproprié
— etc.	— etc.

B) La troisième version d'un texte

Lors de la deuxième version, vous vous êtes préoccupé de l'ordre logique de votre texte, de son équilibre. Lors de la troisième version, vous viserez à parfaire le style; vous corrigerez l'orthographe et la ponctuation. Ne mésestimez pas cette étape : la compréhension et l'intérêt des lecteurs en dépendent. Plus que jamais pensez à eux. **Ce n'est pas suffisant d'avoir des idées, de les ordonner; il faut pouvoir aussi les exprimer avec clarté et vigueur, selon une orthographe et une ponctuation correctes.**

Un style satisfaisant n'est pas un don du ciel, il est le produit d'un effort minutieux. Cent fois sur le métier remettez votre ouvrage, dit un vieil adage.

Précision, simplicité, concision, mais aussi vigueur et originalité sont les marques habituelles d'un style apprécié de l'ensemble des lecteurs. Évitez l'enflure et l'hermétisme qui servent souvent à masquer la pauvreté de la pensée. Surtout ne croyez pas, à l'instar de certains auteurs, qu'il faille être lourd et ennuyeux pour expliquer des choses complexes. Rendez votre style attrayant, coloré, pétillant comme un vin mousseux. Si votre sujet s'y prête, n'hésitez pas à introduire quelques notes d'humour.

Relisez la deuxième version de votre texte et **récrivez-la** en fonction des commentaires de lecture que vous avez reçus et en fonction des points qui suivent.

1. Parfaire le style

a) *Les mots*

— **Utiliser un vocabulaire précis, concret, courant**; éviter les termes vagues, abstraits ou trop techniques. Pour ce faire, recourir fréquemment aux dictionnaires généraux et de synonymes afin de choisir les mots qui expriment le mieux votre pensée.

— **Utiliser** des mots qui font image : les images frappent l'imagination du lecteur et se gravent dans sa mémoire.

— **Éviter** les mots inutiles : trop d'adjectifs ou trop d'adverbes; les pléonasmes qui surchargent inutilement le style; les répétitions de mots dans un même paragraphe. Dans ce dernier cas, les synonymes sont d'un grand secours.

b) *Les phrases*

Rien de mieux que des phrases-fleuves pour décourager un lecteur. Soyez concis avant toute chose. Souvenez-vous qu'une phrase contient principalement un sujet, un verbe, un complément. Faites des phrases courtes et simples : une idée, une phrase. Idéalement une phrase compte 20 mots, c'est une moyenne. Relisez bien chaque phrase et pour chacune voyez à la condenser, la réduire. Les phrases longues affaiblissent l'expression, ralentissent le rythme et indisposent le lecteur. Épurez, épurez, épurez.

c) *Pour gagner en concision et en clarté*

— **Éviter l'usage inconsidéré du pronom relatif**; manier avec prudence les *qui, que, dont*. Tenter d'éliminer les propositions relatives en leur substituant :

• **un nom apposé**

Les étudiants (qui m'apportent) cette heureuse nouvelle.

Les étudiants, *messagers* de cette heureuse nouvelle.

- **un adjectif**

Des positions (qui ne s'accordent pas)

Des positions *discordantes*

- **un participe adjectif**

Les personnages (qui portent) un manteau rouge.

Les personnages *vêtus* d'un manteau rouge

- **un adjectif possessif**

L'enthousiasme (qui) le pousse à agir sans réflexion (est dangereux).

Son enthousiasme irréfléchi est dangereux.

- **une préposition**

Les grévistes respecteront les consignes (que leur) donne le syndicat.

Les grévistes respecteront les consignes *du* syndicat.

- **un infinitif**

Nous regardons le soleil (qui) descend à l'horizon.

Nous regardons le soleil *descendre* à l'horizon.

— **Réduire les subordonnées** en remplaçant le verbe et la conjonction de ces subordonnées par :

- **une proposition principale ou indépendante**

J'étais fort satisfaite (parce que) mon succès était inespéré.

J'étais fort satisfaite : *mon succès était inespéré.*

- **un nom**

Elle avoua (qu'elle aimait beaucoup) la vitesse.

Elle avoua *un penchant* pour la vitesse.

- **un adjectif**

Cette personne (qui ne voulait pas écouter) les conseils des médecins.

Cette personne *sourde* aux conseils des médecins.

— Accorder une attention particulière aux **pronoms personnels**; leur emploi intempestif conduit souvent au ridicule ainsi que le démontre la phrase suivante :

«Ce biberon se maintient toujours propre; quand l'enfant a fini de boire, on le dévisse et on le place sous le robinet».

Dans une phrase, les mêmes pronoms personnels doivent toujours remplacer les mêmes noms.

— Éviter les phrases équivoques telle :

«Le petit chaperon rouge apportait du lait à sa grand-mère qui était malade dans un petit pot».

d) *Pour gagner en vigueur*

Vous avez fait un effort pour gagner en précision et en clarté, assurez-vous aussi de la vigueur de votre style.

— **Utiliser la forme active plutôt que passive.**

— **Recourir** au présent plutôt qu'au passé et au futur.

— **Recourir** au passé composé plutôt qu'au passé simple.

— **Utiliser** avec parcimonie le participe présent et le mode conditionnel.

— **Recourir** à la phrase affirmative plutôt qu'à la phrase négative.

2. Corriger l'orthographe et la ponctuation

Pas plus que le style, l'orthographe et la ponctuation ne sont pas des dons du ciel. Autant que le style, une orthographe et une ponctuation correctes sont essentielles à la compréhension de votre texte. Pour entreprendre ce travail, vaut mieux se munir d'ouvrages de référence que se fier à son intuition : si précieuse à certains égards, à ce stade-ci, elle peut jouer de mauvais tours.

L'orthographe d'usage, l'orthographe d'accord, la ponctuation

Deux ouvrages de base sont indispensables à la vérification de l'orthographe et de la ponctuation : un dictionnaire de langue française et une grammaire. Voici nos recommandations :

Dictionnaire :

ROBERT, Paul. Dictionnaire alphabétique et analogique de la langue française, Le Petit Robert, tome I, Paris, société du nouveau Littré.

Lisez la présentation du dictionnaire, elle fournit des renseignements utiles quant à son utilisation.

Grammaire :

GRÉVISSE, Maurice. Nouvelle grammaire française, Paris, éditions Duculot.

Lisez ou relisez le chapitre portant sur la ponctuation.

À ces livres de base, vous pouvez ajouter deux autres dictionnaires; un dictionnaire des synonymes et un des verbes. Nous vous recommandons :

BÉNAC, Henri. Dictionnaire des synonymes, Paris, éditions Hachette et Le Bescherelle 1, l'art de conjuguer. Dictionnaire de douze mille verbes, Québec, éditions Hurtubise HMH Ltée.

La référence complète vous est donnée à la page 231. N'oubliez pas de consulter ou d'acheter **la dernière édition** de ces ouvrages.

Consultez ces ouvrages et procédez aux corrections qui s'imposent lors de la rédaction de la troisième version de votre texte.
Et maintenant, reposez-vous. Vous avez fait tout ce que vous pouviez faire.

Rappel des opérations

1ère étape

- résumer le sujet du travail en quelques phrases
- détailler le sujet en trois ou quatre idées principales
- rédiger la première version en visant l'abondance et la spontanéité

2ème étape

- préciser l'intention de communication
- s'interroger sur les lecteurs
- dresser le plan définitif : évaluer les idées
- rédiger la deuxième version en visant l'ordre logique et l'équilibre
- rédiger la conclusion et l'introduction

3ème étape

- laisser reposer un jour ou deux
- faire lire le texte à des amis-es
- rédiger la troisième version en visant la perfection du style, la correction de l'orthographe et de la ponctuation
- laisser reposer votre tête

4. Pour écrire mieux, écrire davantage

Le carnet personnel

Certains l'appellent le journal intime. Carnet personnel ou journal intime, c'est toujours **un cahier** à l'intérieur duquel on écrit **tous les jours.** Évitez d'écrire sur des feuilles détachées, des bouts de papier, des serviettes de table. Procurez-vous un cahier, écrivez-y une page par jour, un peu plus, un peu moins qu'importe, pourvu que ce soit tous les jours. Faites-en l'expérience : engagez-vous à écrire votre carnet personnel pendant un mois.

Racontez-vous vos journées; notez vos impressions, sentiments, questions existentielles, réflexions. Commentez une rencontre avec des amis, un coup de foudre, une peine d'amour. Notez un souvenir qui surgit, écrivez vos rêves diurnes et nocturnes, vos fantaisies, vos projets.

Racontez-vous votre vie en écrivant sur les événements qui vous ont marqué jusqu'ici, les personnes, les lectures. Écrivez sur vos peurs et vos désirs; vos angoisses et vos aspirations. Qui sait, vous y prendrez peut-être goût.

Cette pratique, en tout cas, vous aidera à dépasser le traumatisme de la page blanche, vous incitera à trouver les mots et le ton justes; elle peut aussi avoir d'heureuses conséquences sur vos travaux d'écriture. N'est-ce pas en forgeant qu'on devient forgeron?

Le journal de bord

Contrairement au carnet personnel, le journal de bord rend compte de votre cheminement à l'intérieur d'un cours ou d'un stage et non de votre vie quotidienne. Il est axé davantage sur l'observation de situations, la recherche de faits que sur des impressions. Ces dernières ne sont pas exclues cependant. Mais contrairement au carnet personnel tout empreint de subjectivité, le journal de bord vise une plus grande objectivité.

Il est préférable de l'écrire sur des **feuilles mobiles regroupées** dans un ensemble de type cartable. Pour être utile, le journal de bord devra être à jour. Il est donc nécessaire d'y écrire régulièrement, deux à trois fois par semaine.

Choisissez un cours ou un stage qui vous intéresse particulièrement et consignez dans votre journal de bord les moments importants de votre cheminement. D'abord vos attentes et objectifs d'apprentissage. Puis, des notes de cours, de conférences, d'exposés; des commentaires de lectures, des rapports d'expériences, des critiques de films relatifs aux sujets traités dans ce cours ou ce stage. Intercalez des articles, des illustrations, des graphiques, des statistiques.

Quant au journal de bord d'un stage, faites-en un véritable outil professionnel. Notez toutes les observations que vous ferez durant votre stage; analysez vos interventions, vos réactions. Confrontez à la réalité du milieu où vous travaillez les différentes théories que vous aurez apprises. Intégrez les documents, les productions des autres intervenants-es de ce milieu.

Dans le cas d'un cours comme dans celui d'un stage, n'oubliez pas de consigner vos prises de conscience, vos observations, vos interrogations, vos erreurs, vos réussites, vos creux de vague. Notez-y vos rendez-vous, les lectures que vous vous proposez de faire, les rencontres. Situez-vous par rapport à une théorie, un témoignage; comparez des points de vue contradictoires.

Profitez-en pour faire des mises au point quant à vos besoins d'apprentissage, des bilans, des réajustements de parcours. Ainsi, en plus d'être le reflet de votre cheminement, le journal de bord deviendra un aide-mémoire et un outil de planification. Il vous offrira aussi de la matière lors d'une auto-évaluation ou d'une co-évaluation. Sans compter, bien sûr, que le journal de bord est un instrument qui favorise une pratique régulière de l'écriture.

Le courrier des lecteurs

Vous avez peut-être le goût d'avoir des lecteurs autres que vos professeurs. Vous savez que les journaux réservent habituellement dans leurs pages un espace destiné aux lettres des lecteurs. N'avez-vous jamais eu envie de rendre publiques une information d'intérêt général, une interprétation personnelle de certains faits connus; de semer votre grain de sel dans un débat brûlant? Pourquoi alors ne pas utiliser cette rubrique? Si vous vous sentez trop vulnérable pour écrire seul cette lettre, réunissez quelques personnes (deux ou trois) animées du même intérêt et du même enthousiasme par rapport à un sujet, et écrivez ensemble. Des points de méthode décrits dans ce chapitre pourront alors vous être utiles.

Cependant vous devrez, en plus, tenir compte des indications suivantes telles qu'elles ont été publiées par la Centrale des syndicats démocratiques dans le document *Percer les media*[1].

La lettre devra être plutôt **brève** (une cinquantaine de lignes dactylographiées) et ne contenir **aucun propos malhonnête, faux ou injurieux,** susceptible de faire l'objet de poursuites judiciaires. Dans une lettre qui réagit au contenu d'un article déjà publié :

— ne pas attribuer au journaliste les paroles de quelqu'un d'autre qu'il rapporte dans son article;

— ne pas reprocher au journaliste le titre de son article, généralement, il n'en n'est pas l'auteur;

— ne pas fausser le sens de ce qui est écrit dans un article ou un éditorial en le retirant de son contexte.

Une étape intéressante à franchir serait de publier ces lettres aux lecteurs à l'intérieur des différents journaux étudiants de l'institution que vous fréquentez. Cela ne peut qu'entraîner d'heureuses conséquences sur la rédaction des textes dans vos travaux.

---

1 Voir référence complète à la fin de ce chapitre.

BIBLIOGRAPHIE

En collaboration. Percer les média, petit guide pratique des rapports usuels avec le monde journalistique, publié par la Centrale des syndicats démocratiques (C.S.D.) 1983, 86 pages.

CONQUET, André. Comment communiquer, Paris, éditions de l'Entreprise moderne, 1963, 86 pages.

DEMEUR, Auguste. La méthode dans les études et dans la vie, Bruxelles, éditions A. de Boech, 1977, 250 pages.

LAPLANTE, Jean. Le travail de recherche : l'organisation des idées, Drummondville, Collège de Drummondville, Service d'aide à l'apprentissage, novembre 1981, 16 pages.

11

LA PRÉSENTATION MATÉRIELLE DES TRAVAUX ÉCRITS

rédigé par Liliane Goulet

Si votre professeur-e ne vous a pas donné d'indications particulières quant à la présentation matérielle des travaux écrits, vous trouverez, dans ce chapitre, des suggestions susceptibles de vous aider. La plupart de ces suggestions sont extraites du document *Procédures administratives et règles de présentation, rapports mémoires, œuvres et thèses*, publié en 1982 par le bureau du doyen des études avancées et de la recherche de l'UQAM. Nous avons, à l'occasion, adapté le contenu et la présentation de ce document afin qu'il soit utile aux étudiants-es du premier cycle.

Malgré les efforts pour alléger le contenu de ce chapitre, il ressemble à un inventaire de quincaillerie. C'est pointilleux tous ces centimètres en haut, en bas, à gauche, à droite des pages. Appliquez ces instructions avec un grain de sel à moins que vous ne désiriez profiter de l'occasion pour vous initier à la rédaction de votre futur mémoire de maîtrise.

Une image vaut mieux que mille mots, dit-on. Alors nous vous suggérons de consulter les illustrations à chaque fois qu'il est question de mesures et de disposition. C'est plus rapide et souvent plus facile à comprendre que les instructions.

1. Règles générales concernant la présentation du travail

A) Le papier et les interlignes

Le papier utilisé doit être blanc et de dimensions uniformes (21.6 cm X 28 cm). Le texte est écrit au recto des feuilles. On utilise plusieurs types d'interlignes dans la dactylographie d'un travail :

— l'interligne double dans le corps du texte;

— l'interligne triple entre les paragraphes;

— l'interligne simple dans les citations en retrait, les notes au bas des pages, la bibliographie, les appendices ou annexes de même que pour les listes de tableaux ou figures quand il y en a.

B) Les marges

— celle de gauche est de quatre centimètres;

— celle de droite est de trois centimètres;

— celle du haut de la page est de quatre centimètres;

— celle du bas de la page est de trois centimètres.

Ces marges doivent être respectées également sur les pages contenant des tableaux, des figures et pour les annexes. Voici un modèle qui, agrandi aux dimensions des pages à dactylographier et glissé sous elles, facilitera votre travail.

C) Les coupures dans les mots

Afin de faciliter la lecture de votre texte, évitez de couper un mot à la fin d'une page de telle sorte qu'une partie du mot se trouve sur une page et l'autre partie du mot sur la page suivante. Aussi, évitez le plus possible de couper les mots au bout d'une ligne. Ne jamais couper un mot à l'endroit d'une élision (l'/étude) ni après une première syllabe formée d'une seule voyelle (u-/niversité).

D) Les soulignements

On **doit** souligner les titres d'ouvrages, livres et thèses que l'on mentionne dans son travail. Que ces titres soient mentionnés dans le corps du texte, dans les références au bas des pages ou dans la bibliographie, on doit toujours les souligner. **Par contre**, les titres d'articles de revue, de journal ou autres périodiques sont placés entre guillemets.

On **peut** souligner les passages et les expressions cités sur lesquels on désire attirer l'attention du lecteur. Dans ce cas, indiquez dans le texte ou dans une note au bas de la page (entre crochets ou entre parenthèses) que le souligné est de vous.

E) La transcription des nombres

— Dans un texte où les nombres sont rares, on se sert des mots pour transcrire les nombres inférieurs à dix et des chiffres arabes pour les autres.

— Dans un texte où les nombres sont fréquents et où ils sont tour à tour inférieurs et supérieurs à dix, on utilise partout que des chiffres.

— Par contre, on ne commence pas une phrase par un ou plusieurs chiffres; on transcrit le nombre avec des mots ou on reconstruit la phrase.

F) Les citations et les notes au bas des pages

Il vous faudra dans votre texte indiquer vos sources. Pour ce qui est de la marche à suivre, consultez les pages 49 et 50 du chapitre 4 consacré à la recherche documentaire.

G) Les tableaux et les figures[1]

On nomme tableau, toute liste de mots ou de chiffres; on nomme figure, un graphique, un dessin, une carte, une photographie. Les tableaux et les figures sont reproduits dans le sens du texte, mais **sur une page distincte suivant immédiatement le texte qui s'y rattache.** Vous pouvez reproduire sur la même page que le texte, les tableaux et les figures de petit format. Si un tableau ou une figure ne peut être présenté dans le sens du texte, il pourra l'être dans l'autre sens, le haut du tableau ou de la figure du côté gauche de la page.

La numérotation est différente selon qu'il s'agit d'un tableau ou d'une figure:

— chaque **tableau** doit être numéroté en chiffres romains majuscules (IV) et titré en haut de la page;

— chaque **figure** doit être numérotée en chiffres arabes (4) et titrée au bas de la page.

Si cette règle vous semble trop pointilleuse, vous pouvez, après entente avec votre professeur-e, numéroter tous les tableaux et les figures en chiffres arabes de même que les titres en haut des pages.

Les tableaux ou figures dont les dimensions dépassent celles des autres pages du texte peuvent être pliés une seule fois de droite à gauche, de façon à pouvoir les déplier facilement lors de la lecture.

H) La pagination

— Toutes les parties peuvent être paginées en chiffres arabes;

— **les pages qui portent un titre sont comptées, mais non paginées** (la page-titre, la première page de la table des matières, de l'introduction, de chacune des parties, de chacun des chapitres, de la conclusion, de la bibliographie, des annexes). Il en va de même pour les pages des tableaux et figures insérés dans le texte.

— **Le chiffre de la page**, le folio, prend place dans le coin supérieur droit, à trois centimètres du haut de la page et à trois centimètres du bord droit de la feuille. Aucun trait, point ou parenthèse ne doit accompagner le chiffre. De même, aucun autre trait ne doit figurer au bas de la page.

---

1 Celles et ceux qui désirent accorder une attention particulière à la présentation visuelle de leurs travaux peuvent consulter l'ouvrage suivant : Bertin, Jacques, La graphique et le traitement graphique de l'information, Paris, Flammarion, 1979.

2. Contenu du manuscrit

Un travail de recherche contient dans l'ordre :

a) la page-titre;

b) la table des matières;

c) la liste des tableaux, s'il y a lieu;

d) la liste des figures, s'il y a lieu;

e) l'introduction;

f) le corps du texte;

g) la conclusion;

h) la bibliographie;

i) les annexes ou appendices, s'il y a lieu.

Après les annexes ou appendices, il est de mise d'insérer une feuille blanche, dite de garde. Cette page blanche peut inciter votre professeur à rédiger ses commentaires, suite à la lecture et à la correction de votre travail.

A) La page-titre

Elle est dactylographiée en lettres **majuscules** et elle contient les renseignements suivants :

— le nom et le numéro du cours;

— le nom de la personne à qui le travail sera remis;

— le titre du travail;

— le ou les noms des auteurs-es;

— le nom de l'institution;

— la date de remise (mois et année).

```
(Nom du cours)     Travail présenté à :
(No du cours)      (Nom du professeur-e)



                   (Titre du travail)
                        par
                   (Nom de l'auteur-e
                   ou des auteurs-es)


                 (Nom de l'institution)


              (Date de remise  mois et année)
```

B) La table des matières

Elle suit immédiatement la page-titre et elle contient le titre des différentes parties du travail ainsi qu'un renvoi à la page où le sujet est traité. Les titres des chapitres sont en majuscules alors que les subdivisions à l'intérieur de chaque chapitre sont en minuscules.

Voici un exemple de table des matières :

C) La liste des tableaux

Si le travail contient des tableaux, une liste appropriée doit faire suite à la table des matières, sur une page distincte et titrée. L'on doit alors transcrire les titres sans les abréger.

D) La liste des figures

Si le travail contient des figures, une liste appropriée doit faire suite à celle des tableaux, sur une page distincte et titrée.

E) L'introduction

Le titre se place en lettres majuscules à cinq centimètres du bord supérieur de la feuille et le texte commence à trois centimètres plus bas.

F) Le corps du texte

Il peut contenir deux ou trois parties qui sont divisées en chapitres. Il inclut les citations et les notes au bas des pages de même que les tableaux et figures. Les parties et les chapitres sont indiqués généralement par le système classique de division que voici :

      I
       A)
        1)
         a)

PREMIER CHAPITRE

(Titre du chapitre)

(Début du premier paragraphe)
← →

(Début du deuxième paragraphe)

1 (Référence)

— Les **parties** sont séparées par une **page-titre**. La **numérotation** de la partie est reproduite en majuscules (PREMIÈRE PARTIE), à 12 centimètres du bord supérieur de la feuille. Le **titre** de la partie est écrit à deux centimètres au bas de la numérotation.

— La **numérotation** d'un **chapitre** se place en majuscules à cinq centimètres du bord supérieur de la feuille et le **titre** du chapitre, aussi en majuscules et non souligné, à trois centimètres de la numérotation. Le **texte** du chapitre commence à cinq centimètres sous le titre du chapitre.

— Un retrait de cinq frappes marque le début de chaque **paragraphe,** de chacune des citations intercalées dans le texte et de chaque note en bas de page.

— Chaque chapitre s'ouvre sur une nouvelle page.

Le modèle ci-contre illustre la division du texte en chapitres et paragraphes.

G) La conclusion

Même disposition que pour l'introduction.

H) La bibliographie

La bibliographie décrit les sources utilisées. Placée à la fin du travail, elle permet de retracer rapidement les documents qui ont été utilisés pour sa réalisation.

— Pour savoir **comment indiquer une référence bibliographique,** consultez les pages 44 et 45 du chapitre 4 consacré à la recherche documentaire.

— Pour avoir une idée de la manière dont vous pouvez **regrouper des documents** dans une bibliographie, consultez la page 46 du même chapitre.

I) Les annexes ou les appendices

Il est parfois nécessaire d'ajouter des annexes : une lettre, un procès-verbal, par exemple, sont difficiles à inclure dans le texte mais peuvent rendre service au lecteur.

— On identifie les annexes au moyen de lettres majuscules (A,B,...) ou de chiffres arabes (1,2,...) et on y réfère dans le texte de la même façon.

— Chaque annexe est séparée par une page-titre appropriée. Le mot annexe et son identification (A ou 1) sont dactylographiés en majuscules à environ 12 cm du bord supérieur de la feuille, et le titre de l'annexe en minuscules à deux centimètres plus bas, le tout centré.

12

L'EXAMEN

rédigé par Liliane Goulet

1. Les types d'examen

Préparer et réaliser un examen, cela provoque généralement une grande tension. Si ce chapitre pouvait vous aider à vivre cette épreuve d'une manière détendue et confiante, il aurait atteint son but.

Il existe deux catégories d'examen : l'examen de type objectif (vrai ou faux, choix multiples, etc.) et l'examen de type dissertation (analysez, comparez, critiquez, etc.). Le «take home» est un examen de type dissertation; il a ceci de particulier qu'on peut le faire chez soi.

Quel que soit le type d'examen à faire, il y a deux étapes à franchir : la préparation de l'examen où il s'agit d'étudier et de mémoriser et la réalisation de l'examen où il s'agit de comprendre les questions posées et d'y répondre.

2. Étapes

A) Préparation d'un examen
- — lointaine
- — immédiate

B) Réalisation d'un examen
- — lecture du questionnaire
- — rédaction des réponses

C) Quelques définitions

D) La mémorisation

A) Préparation d'un examen

1. Préparation lointaine

Cette étape se caractérise par un **travail régulier et méthodique** tout au long de la session. Des suggestions :

1. **demander des explications** au professeur ou à des étudiants dès qu'un aspect de la matière semble obscur;

2. **faire des lectures régulièrement** afin de mieux comprendre et de compléter les informations reçues durant les cours;

3. **revoir, à l'occasion, les notes de cours;**

Cela afin d'éviter la panique de la dernière minute qui nuit à l'assimilation réelle de la matière (voir les pages 155 et 156).

2. Préparation immédiate

Cette étape consiste **à réviser** la matière. Elle précède d'une semaine environ la date de l'examen. Des suggestions :

1. **se bâtir un horaire spécial** où sont inscrits en alternance les temps d'étude et les temps de détente;

2. **résumer en quelques pages** ou fiches les notes de cours et de lecture de la session;

3. **réciter** plutôt que relire ces notes; essayer de se rappeler les grandes lignes du cours (mémoriser) et en suivre le raisonnement (comprendre);

4. **prévoir les questions de l'examen** en se remémorant les points sur lesquels le professeur a particulièrement insisté, les idées qui ont fait l'objet de répétition durant le cours;

5. **être en forme**, ne pas sacrifier les heures de détente, éviter les nuits blanches surtout la veille de l'examen.

B) Réalisation d'un examen

1. Lecture du questionnaire

Avant de rédiger quoi que ce soit, prenez le temps de lire en entier le questionnaire de l'examen. Des suggestions :

1. **s'attarder aux directives** : façon de répondre, façon dont les mauvaises réponses seront notées. Parfois une mauvaise réponse peut valoir 0 ou -2 ou -1: il est important de savoir cela;

2. **remarquer la répartition des points** et partager le temps dont on dispose selon le nombre et l'importance des questions. On évite ainsi de passer une heure sur une question de 10 points et une demi-heure sur celle de 40 points;

3. **comprendre chacune des questions**, en saisir le but; trouver le ou les mots-clés dans chacune :
   — dans un **examen objectif**, le ou les mots-clés déterminent le sens de l'énoncé; par exemple, «jamais» ou «quelques fois» peut rendre vrai ou faux le même énoncé de même que : «tous», «plus», «habituellement», «également», «est», «n'est pas ,...;

— dans un **examen de type dissertation**, les mots-clés sont plutôt les directives; par exemple, «énumérez», «comparez», «critiquez»[1]...

2. Rédaction des réponses

Dans le cas d'un examen objectif :

1. **suivre les directives** concernant la façon de répondre;

2. **répondre à tout**, à moins qu'une mauvaise réponse fasse perdre plus de points qu'une absence de réponse;

3. **commencer par répondre aux questions les plus faciles** en indiquant dans la marge les questions laissées en suspens;

4. **surveiller les mots-clés** tels : tous, la plupart, quelques-uns, aucun; toujours, habituellement, parfois, jamais; plus, également, moins; est, n'est pas...; ces mots peuvent déterminer si un énoncé est vrai ou faux.

REMARQUES :

— À un énoncé partiellement vrai, on répond : «faux»; à moins d'avoir des adverbes comme «habituellement», «souvent»...

— Devant une question à choix multiples, on procède par élimination afin de choisir l'énoncé le plus juste.

— En relisant les réponses, on ne les change que si on est certain de s'être trompé; l'expérience a montré que, en cas de doute, le premier choix est encore le meilleur.

Dans le cas d'un examen de type dissertation :

1. **numéroter** les questions et les transcrire;

2. **noter** tout de suite, au brouillon, par un ou deux mots, **les idées qui jaillissent à la lecture de la question** afin de ne pas les oublier par la suite;

3. **commencer par les questions dont on est sûr** de la réponse; garder les autres pour plus tard;

4. **demeurer fidèle à la prescription** : «énumérer» si on demande d'énumérer, donner son opinion si on le demande, etc.;

5. **faire au brouillon le plan** des principaux points de sa réponse comprenant toutes les idées selon leur importance. En général, on va du moins important au plus important;

6. **faire une courte introduction et une courte conclusion** pour chacune des réponses;

---

1 Vous trouverez aux pages 152 et 153 de ce chapitre, une définition de ces mots.

7. **éviter de faire du remplissage** : rédiger une réponse complète mais concise; éviter aussi d'être trop succinct : apporter des illustrations, des exemples concrets;

8. **relire le questionnaire de l'examen** et vérifier si on a répondu à tout;

9. **écrire lisiblement.**

C) Quelques définitions

Mots-clés des questions d'examen de type dissertation

Les expressions suivantes apparaissent souvent dans les examens de type dissertation. Il est préférable d'en connaître la définition.

Analysez

Décomposer une réalité, un phénomène, un point de vue en ses éléments essentiels en faisant ressortir les liens entre ces différents éléments.

Caractérisez

Identifier ce qui distingue une réalité, un phénomène, un point de vue; ce qui lui est particulier, ce qui lui est propre.

Comparez

Identifier les ressemblances et les différences de plusieurs réalités, phénomènes, points de vue de manière à dégager une conclusion.

Décrivez

Exposer un phénomène dans son ensemble, relater un événement sous forme de récit.

Définissez

Donner le sens précis et complet de notions, de propositions, de mots en évitant les détails inutiles.

Critiquez/Discutez

Émettre une opinion en distinguant la part de vérité et la part d'erreur d'une affirmation, d'une théorie, en mentionnant les avantages et les limites; dresser le pour et le contre d'une question.

Énumérez

Dresser la liste des éléments, des parties d'un tout; donner à la suite ce que l'on demande : les causes, les conséquences, les traits généraux, particuliers, etc.

Expliquez

Répondre aux questions suivantes : Qui? Quoi? Comment? Pourquoi?

Illustrez

Apporter des exemples, des faits qui appuient une affirmation, une théorie; faire un dessin, une carte, un plan, un graphique...

Interprétez

Donner son opinion à partir de son cadre personnel de référence : ses valeurs, ses croyances, des théories ou doctrines auxquelles on adhère.

Justifiez

Faire voir qu'une chose est vraie, fondée en prenant appui sur des faits.

Prouvez/Démontrez

Établir la vérité d'une chose par des raisonnements, des témoignages, des faits, des chiffres incontestables; ordonner des preuves clairement et logiquement, apporter des exemples.

Résumez

Donner brièvement les points ou faits principaux; tracer les grandes lignes, brosser un tableau; rendre en peu de mots l'essentiel d'une réalité, d'un point de vue. Omettre les détails mineurs.

Structurez

Dresser une liste des points principaux et distribuer autour d'eux la liste des points secondaires; faire un plan.

D) La mémorisation

Qui n'aimerait avoir une mémoire d'éléphant? Mais que vaudrait une mémoire d'éléphant dans une cervelle d'oiseau? Il est préférable, en effet, d'associer compréhension et mémorisation. Apprendre par cœur au lieu de comprendre, cela diminue l'efficacité intellectuelle alors que l'effort de compréhension stimule l'intérêt et conséquemment la mémorisation. De plus, la mémorisation dépend des états affectifs. Ainsi, on retient plus facilement ce que l'on aime; inversement on assimile mal ce que l'on trouve déplaisant.

Outre ces considérations générales, on mémorise mieux lorsque les conditions matérielles sont favorables à l'attention. Voici quelques suggestions :

— s'isoler des bruits, des personnes, des choses susceptibles de distraire;

— travailler sur une table désencombrée afin de s'épargner la tentation de feuilleter des papiers sans rapport avec l'objet d'étude;

— assurer dans la pièce une aération suffisante, une température modérée et un bon éclairage;

— respirer, respirer et respirer encore...

La mémoire fonctionne selon certaines lois. Connaître et appliquer ces lois rend, dans bien des cas, la mémoire plus opérante.

1. La mémoire enregistre des structures c'est-à-dire des ensembles organisés.

Si l'on essaie, par exemple, de retenir ces mots isolés : «les, dans, idées, ce, mémoire, les, tout, visages, les, se, cœur, le, événements, grave, touche, la, qui», c'est difficile. Mais si l'on associe les idées que représentent ces mots pour en faire une phrase logique : «les événements, les idées, les visages, tout ce qui touche le cœur se grave dans la mémoire», c'est plus facile.

De même si l'on essaie de retenir 2 826 114, c'est difficile; mais 282-6114, c'est plus simple parce que c'est un numéro de téléphone.

Plus les éléments sont structurés, plus les chances de les retenir sont meilleures. Le cerveau retient donc principalement des structures.

Conséquences pratiques

— Repérer les parties et les sous-parties du chapitre à étudier, des notes de cours à mémoriser. Saisir les grandes divisions et leur enchaînement. Apprendre le plan. Dégager la problématique du sujet d'étude et le fil conducteur, (généralement une phrase suffit). Cet effort de cohérence est essentiel : il permet de disposer d'une armature sur laquelle on peut greffer les autres connaissances sans risquer la dispersion.

— Aller du général au particulier. Descendre lentement dans le détail en reliant les faits les uns aux autres et en les situant à l'intérieur d'un plan général. Hiérarchiser les idées principales et secondaires afin d'éviter l'impression décourageante d'accumulation et d'émiettement.

— Associer à chaque terme géographique une localisation précise; à chaque date un contexte historique; aux idées nouvelles celles que l'on connaît déjà (ressemblances, différences, rapports).

2. La mémoire est multiforme.

En même temps que la mémoire psychologique enregistre la suite des idées, d'autres mémoires enregistrent :

— les images *(la mémoire visuelle du peintre)*;

— les sons *(la mémoire auditive de la musicienne)*;

— les mouvements *(la mémoire motrice du danseur)*;

— les symboles *(la mémoire symbolique de la poétesse, celle numérique du comptable)*;

— les odeurs *(la mémoire olfactive du parfumeur)*;

— les saveurs *(la mémoire gustative de la cuisinière)*;

— les sensations de contact *(la mémoire tactile du médecin qui ausculte, celle musculaire de la sportive)*.

Lorsque nous faisons attention, nous retenons approximativement 10% de ce que nous lisons, 20% de ce que nous entendons, 30% de ce que nous voyons, 50% de ce que nous voyons et entendons en même temps. Par contre, nous retenons 80% de ce que nous disons, 90% de ce que nous disons en faisant quelque chose à propos de quoi nous réfléchissons et qui nous implique[1].

Conséquences pratiques

— Faire collaborer les différentes mémoires de telle sorte qu'elles se prêtent un mutuel appui. Faire des schémas, des tableaux synoptiques; souligner les titres et sous-titres avec des crayons de couleurs; lire à haute voix, enregistrer la leçon et l'écouter.

Par exemple, pour mémoriser un texte :

— lire le texte (mémoire visuelle);

— le lire à haute voix (mémoire motrice);

— se faire lire à haute voix (mémoire auditive);

— le transcrire (mémoire visuelle-motrice);

— comparer avec l'original (contrôle cérébral).

3. La mémoire fonctionne de façon discontinue.

Des études de psychologues américains ont montré que l'on oublie plus de 50% de ce que l'on a «appris» dans les 30 minutes qui suivent le moment où l'on a «appris». Les choses semblent se passer de la manière suivante :

---

1 **Mucchielli, Roger.** *Les méthodes actives dans la pédagogie des adultes,* Paris, éditions ESF., Entreprise moderne d'édition, Librairies techniques, 1979, p. 56.

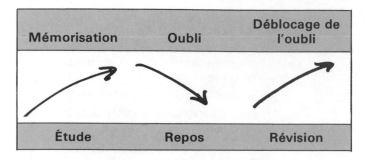

Mémorisation	Oubli	Déblocage de l'oubli
Étude	Repos	Révision

Vaut mieux alors travailler par séquences fractionnées. Des temps d'étude nombreux et courts sont préférables à un temps long et intense la veille de l'examen.

Conséquences pratiques
- Répéter, après un certain temps de repos (15 à 20 heures), ce que l'on a appris.
- Prendre de l'avance et réviser constamment.

En bref

- Se concentrer
- Sélectionner
- Hiérarchiser
- Associer
- Répéter activement, après un temps de repos

BIBLIOGRAPHIE

En collaboration. Méthode de travail intellectuel, recueil de textes, Université de Montréal, Faculté de l'éducation permanente, Propédeutique, 1982, 83 pages.

BOSQUET, Robert. Savoir étudier... Méthodes pour un travail personnel efficace, Paris, éditions Le centurion, coll. «Sciences humaines», 1969, 57 pages.

DUBREUIL, Richard. Méthodes de travail de l'élève et de l'étudiant, Paris, éditions Vuibert, coll. «Documents et méthodes», 1977, 64 pages.

FORTIN-LINCK, Louise. Guide méthodologique. Méthode de travail intellectuel, Collège Bois-de-Boulogne, Éducation des adultes, juillet 1979, 188 pages.

LANOIX, Jean. Comment réussir et vivre heureux au Cégep, Montréal, éditions Stanké, 1978, 135 pages.

13

LE TRAVAIL D'ÉQUIPE, L'EXPOSÉ, LE DÉBAT

rédigé par Ginette Lépine
et Liliane Goulet

Vous aurez sans doute à travailler en équipe durant vos études. Former équipe, ce devrait être partager des idées et des expériences, approfondir un sujet en l'abordant sous différents angles, vivre une expérience humaine de négociation, d'entraide et de travail en commun. Dans les faits, c'est parfois décevant et peu productif.

Ce chapitre vous propose des suggestions pratiques pour que le travail d'équipe vous soit profitable. Rien dans ce qui suit ne sera abordé sous l'angle théorique; ainsi l'animation, les phénomènes de participation (membership) et de leadership seront traités sous l'angle organisationnel. Les techniques décrites dans ce chapitre sont utiles à différents moments du travail d'équipe : échange et discussion, prise de décision, recherche, action. Selon vos besoins, utilisez-les tel quel ou adaptez-les : ajoutez, retranchez, modifiez.

SOMMAIRE

1 Former une équipe

2 La prise de décision quant à l'orientation et à l'organisation du travail

3 Les rencontres régulières d'équipe

4 Les rôles d'animation et de coordination

5 Être membre d'une équipe

6 La présentation du travail devant le groupe-cours

7 L'évaluation du travail d'équipe

1. Former une équipe

En général, les étudiants ne se connaissent pas au début d'un cours. Parfois c'est le sujet de discussion ou de recherche qui détermine la formation des équipes. D'autres fois, les équipes se forment par hasard : l'endroit où on était assis, la dimension des équipes (une petite équipe à compléter ou le contraire), les retards et les absences. Il est donc préférable de prendre le temps de vérifier si ce hasard a des chances de devenir un choix réel de votre part. Puisqu'il en va de l'efficacité de votre travail, votre professeur acceptera sûrement de vous accorder le temps nécessaire pour procéder à cette vérification.

A) Premier temps : constituer l'équipe

— **Faire part** de sa formation et de ses expériences par rapport au sujet du travail; dans le cas où le sujet n'est pas encore posé, faire part de ses intérêts quant aux thèmes du cours.

— **Échanger** ses points de vue sur le travail d'équipe.

— **Indiquer** ses disponibilités (la question des lieux d'habitation peut se transformer en contrainte de temps).

Dès lors, quelques questions peuvent être posées pour savoir si les membres de l'équipe peuvent travailler ensemble :

— les ressources de l'équipe sont-elles suffisamment variées? (les âges, les pratiques, la formation, le statut dans l'institution)

— les points de vue concernant le travail d'équipe sont-ils suffisamment convergents?

— les horaires de chacun laissent-ils place à des rencontres?

— dans le cas où le sujet n'est pas encore déterminé, la discussion précédente permet-elle d'en entrevoir un pour lequel chacun se sentira des compétences et des intérêts?

— *quoi d'autres?*

L'équipe idéale possède des ressources variées et des valeurs en commun; les membres qui la composent ressentent de la sympathie les uns pour les autres. Ne craignez pas de poser des questions jusqu'à ce que vos doutes soient dissipés ou retirez-vous d'un groupe dans lequel vous vous sentez mal à l'aise intellectuellement ou affectivement.

B) Deuxième temps : se connaître

Une fois l'équipe constituée, les membres ont intérêt à prendre un peu de temps pour mieux se connaître avant de commencer véritablement à travailler ensemble. Voici quelques suggestions en ce sens :

— **dégager** le portrait des ressources du groupe en faisant part de ses habiletés et compétences particulières (habiletés à faire des entrevues, à manipuler des appareils audio-visuels, à rédiger, etc.);

— **évaluer** le degré de motivation des membres par rapport au sujet tel qu'il est perçu à cette étape-ci du travail (travaux réalisés antérieurement, préoccupations, intérêts et projets, etc.);

— **formuler** les conditions qui facilitent, pour chacun-e, les apprentissages les plus significatifs (l'implication, le choix de la démarche, la variété des sources documentaires, etc.);

— **procéder** à un échange plus systématique sur les points de vue en regard du travail d'équipe (inconvénients et avantages perçus, difficultés rencontrées antérieurement, besoins identifiés, etc.);

— *quoi d'autres?*

Ces différentes activités de connaissance peuvent se réaliser durant le cours. Certaines équipes préfèrent organiser un dîner, un souper d'échange ou se rencontrer chez l'un-e des membres afin de sortir du cadre scolaire.

2. La prise de décision quant à l'orientation et à l'organisation du travail

Lorsqu'il s'agit de produire un travail dans un cours, la prise de décision quant à l'orientation et l'organisation du travail vient immédiatement après la formation de l'équipe. Il s'agit de discuter afin de choisir un sujet ou de le préciser, d'en déterminer l'orientation, de bâtir un plan, de diviser les tâches, etc. Cette étape est fort importante; bien la franchir c'est se donner le maximum de chances de fonctionner efficacement par la suite.

Voici deux suggestions pour cette réunion de prise de décision et d'organisation.

A) Une démarche

1. **Faire le bilan** de ce que chacun-e connaît sur le sujet et de la documentation dont l'équipe dispose.

2. **Faire un brainstorming**[1] sur les aspects suivants : l'orientation du travail et ses différentes parties, les moyens de réalisation, la présentation en plénière s'il y a lieu.

POURQUOI?   3. **Préciser les objectifs** individuels et collectifs, l'orientation du travail et sa perspective, les résultats à atteindre.

QUOI? et COMMENT?   4. **Établir un plan provisoire** en tenant compte des intérêts et des ressources de chacun-e.

5. **Déterminer les moyens de recherche** (enquête, entrevue, lecture, etc.).

QUAND?   6. **Prévoir le temps à consacrer au travail**, déterminer des étapes pour la réalisation du plan, fixer un échéancier et des rencontres de groupe (leur durée, leur but).

QUI?   7. **Identifier les rôles**, diviser les tâches équitablement, établir des normes de fonctionnement (absences, retards, etc.).

8. **Échanger les numéros de téléphone** et indiquer les moments où il est facile de se rejoindre.
9. **Prévoir une rencontre avec le professeur** pour obtenir ses commentaires.

10. *Quoi d'autres?*

B) Une autre démarche[2]

Voici une seconde suggestion qui vous situe dans un processus, le processus de solution de problèmes. L'objectif vise toujours : la prise de décision quant à l'orientation et l'organisation du travail.

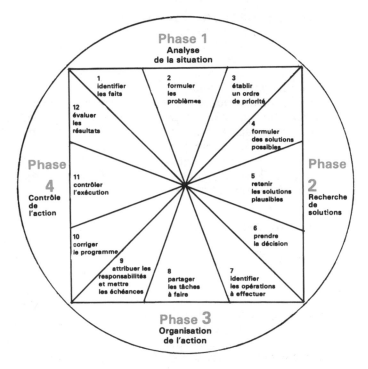

Phase 1 : **analyse de la situation**

Il s'agit d'identifier les faits, de cerner les problèmes avec le plus de précision possible et de leur donner un ordre de priorité.

Phase 2 : **recherche de solutions**

Les membres du groupe énoncent d'abord toutes les solutions entrevues; on les inscrit au tableau sans les critiquer. Puis, elles sont analysées; on peut leur attribuer une cote avant de commencer la discussion. Finalement une décision est prise quant à celles à retenir.

Phase 3 : **organisation de l'action**

Il s'agit d'identifier les actions à faire, de partager les tâches et les responsabilités, de tracer un échéancier.

162

Phase 4 : **contrôle de l'action**

Le groupe se réajuste dans l'action, contrôle la réalisation, évalue les résultats en fonction des objectifs.

C) Le projet d'équipe

Après avoir pris des décisions quant à l'orientation et à l'organisation du travail, cette grille complétée pourrait vous servir de projet d'équipe :

Le projet d'équipe		

1.   **Titre du travail** _____

2.   **Membres de l'équipe**   **No de téléphone**

_____   _____
_____   _____
_____   _____

3.   **Objectifs et orientation du travail** _____
_____

4.   **Plan**
     Introduction   :   _____
     1ère partie   :   _____
     2ème partie   :   _____
     Conclusion   :   _____

5.   **Méthode de travail et moyens** _____
_____
_____

6. **Échéancier**	Que faire?	Quand le faire?	Qui le fera?
1ère étape			
— réunion de mise en commun			
— rencontre avec le professeur			
2ème étape			
— réunion de mise en commun			
— rencontre avec le professeur			
3ème étape...			
avant-dernière étape : présentation du travail			
étape finale : bilan, recommandations, etc.			

3. Les rencontres régulières d'équipe

Tout au long du semestre, votre équipe se rencontrera à intervalles plus ou moins rapprochés. Il n'est pas nécessaire de multiplier à l'infini ces réunions : on ne peut tout faire en équipe. Il faut cependant en prévoir assez pour que le travail ne devienne pas la simple juxtaposition de textes individuels brochés ensemble, mais soit plutôt le produit d'un échange d'idées, de points de vue et d'informations.

Pour que chaque rencontre soit productive, il vaut mieux qu'elle soit planifiée. Il faudra un ordre du jour particulier à chaque rencontre. Les suggestions qui suivent offrent des éléments possibles pour bâtir ces ordres du jour.

A) Un ordre du jour

1. Compte rendu de la dernière réunion.

2. Synthèse individuelle : chacun explique brièvement ce qu'il a fait depuis la dernière réunion (problèmes rencontrés, solutions envisagées), demande de l'aide au besoin, renégocie sa tâche s'il en voit la nécessité.

3. Synthèse d'équipe : tâches réalisées et ce qui reste à faire.

4. Agencement des nouvelles informations et de la documentation.

5. Discussion et prise de décision quant aux étapes à venir.

6. Évaluation de la rencontre.

7. *Quoi d'autres?*

B) Un procès-verbal ou un compte rendu

Quelques mots maintenant sur les comptes rendus ou les procès verbaux des réunions. Un procès verbal ou un compte rendu peut devenir un outil de circulation de l'information pour une équipe. Choisir l'un ou l'autre selon les besoins de l'équipe.

	Procès-verbal	Compte rendu
Sa nature	Il est le reflet du cheminement d'une équipe, de ses discussions, de sa réflexion, de sa démarche.	Il est la photographie des prises de décision d'une équipe, des résultats de son travail.
Son contenu	— les présences — les différentes interventions résumées — les points d'accord et de désaccord — les décisions prises ou les conclusions, les sujets à reconsidérer — les tâches à réaliser et leur répartition	— les présences — le but de la réunion ou le sujet — les idées principales des discussions — les décisions précises ou les conclusions — les tâches à réaliser et leur répartition
Sa forme	Il prend la forme d'un texte suivi.	Il peut être bref et schématique.
Ses qualités	Clair, exact et complet.	Clair, exact et schématique.
Son utilité	Pour un groupe de discussion et d'échange, le procès-verbal convient bien.	Pour un groupe de tâche, le compte rendu permet de suivre l'action.

C) La révision de l'action

La révision de l'action peut être aussi très profitable pour un groupe. Il s'agit de reprendre le projet de l'équipe tel qu'il a été consigné dans la grille de la page 163 et de le modifier après chaque rencontre en fonction des décisions prises et du cheminement réel.

4. Les rôles d'animation et de coordination

Un membre de l'équipe peut assurer l'animation de toutes les réunions ou encore chacun, chacune peut le faire à tour de rôle.

A) Les tâches de l'animateur-trice

L'animateur-trice remplit certaines fonctions quant au déroulement de la réunion, de la circulation des idées et du climat de travail. Ce qui suit a pour but de permettre une progression dans le travail, une plus grande efficacité ainsi qu'un équilibre dans l'expression des forces, des ressources et de la créativité des participants-es.

1. **Déroulement de la réunion** (l'aspect des procédures)
— faire préciser l'ordre du jour, le faire respecter;
— établir régulièrement les questions réglées et celles à discuter;
— distribuer la parole;
— resituer l'équipe ou un participant dans le sujet;
— voir au temps.

2. **Circulation des idées** (l'aspect du contenu)
— faire définir, faire clarifier ou reformuler ce qui a été dit;
— faciliter la participation des silencieux, modérer ceux qui parlent constamment, interrompre les dialogues qui s'éternisent;
— établir des liens entre les interventions en fonction de l'objectif poursuivi; déceler les points de convergence et de divergence qui apparaissent au cours de la réunion; résumer les discussions;
— prendre des décisions en considérant celles qui ont été prises antérieurement; vérifier les consensus ou faciliter les compromis.

3. **Climat de travail** (l'aspect socio-affectif)
— exploiter l'humour pour détendre le climat;
— faire exprimer les sentiments, les tensions et les malaises;
— tenter de résoudre les conflits, mais pas à tout prix.

B) Quelques techniques pour l'animation

Selon les groupes, les moments, les situations, utiliser l'une ou l'autre de ces techniques :

— le tableau ou de grandes feuilles fixées au mur pour consigner les idées et les décisions principales;

— le tableau pour reproduire des schémas qui classifient, regroupent des ordres d'idées et des niveaux de décisions;

— la répartition du temps de façon à fixer une limite pour chaque point à l'ordre du jour;

— le tour de table afin de répartir la prise de parole;

— l'attention aux comportements non-verbaux afin de déceler le besoin de pauses, la manifestation d'une tension, etc.;

— le relais afin de ne rien laisser en suspens et d'assurer la progression du travail (l'animateur-trice relance les questions qui n'ont pas été épuisées);

— le regard afin de soutenir l'intérêt de chacun, (l'animateur-trice regarde la personne qui s'exprime et regarde tous les autres lorsque lui-même-elle-même s'exprime);

— la double liste de façon à refréner ceux et celles qui accaparent les temps de parole (les participants-es qui ne se sont pas exprimés-es passent avant ceux et celles qui l'ont déjà fait).

C) Les autres rôles dans une équipe

Un-e membre de l'équipe peut devenir **secrétaire** de toutes les réunions ou chacun-e peut prendre des notes tour à tour pour la rédaction des procès-verbaux et comptes rendus (voir page 165). À l'occasion, le(la) secrétaire peut être amené-e à résumer les discussions.

Si le travail est long, si l'équipe est nombreuse, si les tâches sont multiples, il est préférable qu'un-e **coordonnateur-trice** soit nommé-e pour réviser l'action durant toute la session (voir page 165).

5. Être membre d'une équipe

L'animateur-trice ou le coordonnateur-trice ne peut seul-e assurer le bon fonctionnement de l'équipe; les autres membres ont aussi un rôle à jouer en regard du déroulement des réunions, de la circulation des idées et de l'information, du climat dans le groupe, de la réalisation du travail. Il s'agit que chacun-e fasse sa part en se sentant lié-e à tous les autres. C'est une question de cohésion d'équipe et de solidarité.

A) La connaissance de soi

Avant de s'intégrer dans une équipe, on pourrait faire son autoportrait en s'amusant à se remémorer comment l'enfant qu'on était entrait en rapport avec les autres, comment l'adolescent-e qu'on était arrivait à établir des relations avec autrui. Ensuite, on complète cet autoportrait par une réflexion sur ses valeurs et ses modes de relation actuels.

B) La relation aux autres

De plus, on pourrait répondre aux questions suivantes :

— *Suis-je perçu comme une personne cohérente? chaleureuse?*

— *Puis-je communiquer sans ambiguïté?*

— *Puis-je découvrir les valeurs, les sentiments, les points de vue des autres?*

— *Suis-je capable d'être influencé sans perdre mon individualité?*

— *Suis-je capable de me questionner et d'intégrer des habitudes nouvelles?*

C) Les types de participation dans une équipe

Voici des pistes à partir desquelles vous pouvez mesurer vos capacités de participation dans une équipe.

1. **L'aspect des procédures :**
— proposer des procédures et respecter celles que le groupe s'est donné;
— s'en tenir au sujet;
— *quoi d'autres?*

2. **L'aspect du contenu :**

Il existe deux niveaux de contenu, celui de la discussion et celui de l'action.

a) *discussion*
— intervenir le plus clairement possible; donner son avis même si cela exige un effort ou au contraire tenter d'être concis si on a tendance à toujours trop élaborer;
— s'exprimer dans le but de faire progresser le travail d'équipe et non pour le plaisir de s'écouter;
— accepter qu'une de ses idées puisse être rejetée sans s'entêter à la remettre de l'avant tout au long de la réunion;
— écouter les autres pour comprendre les idées émises;
— exprimer ses réactions (feedback) : désaccords et adhésions;

- demander de l'information, des idées, des suggestions et en donner.

b) action

- faire part de ses ressources, de ses champs d'intérêts, de ses compétences, de ses contraintes et de ses lacunes;
- se rendre disponible pour certaines tâches;
- prendre des initiatives et les réaliser;
- participer activement à l'évaluation;
- *quoi d'autres?*

3. **L'aspect socio-affectif :**

- éviter l'opposition pour l'opposition, ce qui ne signifie pas se taire et refouler ses objections ou déformer ses opinions afin de conserver l'approbation d'autrui;
- manifester sa solidarité;
- détendre l'atmosphère;
- s'entraider et collaborer;
- *quoi d'autres?*

D) Le leadership[3]

Le leadership est le pouvoir d'influencer un collectif, il est lié au réseau des relations interpersonnelles dans un groupe. Il se manifeste à trois niveaux :

- **procédure et organisation** (leadership fonctionnel)

  Dans ce cas, c'est l'influence de la personne qui arrive à établir un mode de fonctionnement efficace et créateur dans le groupe.

- **contenu** (leadership d'expertise)

  Dans ce cas, c'est l'influence de la personne qui, par ses connaissances, ses habiletés ou ses compétences, fait progresser le groupe dans la même direction, tant au plan des objectifs que des moyens d'action.

- **climat** (leadership socio-affectif)

  Dans ce cas, c'est l'influence de la personne qui, par son esprit ouvert et chaleureux, arrive à établir un climat amical entre les membres du groupe.

6. La présentation du travail devant le groupe-cours[4]

Il arrive fréquemment que les équipes ou les étudiants-es individuellement aient à présenter leur travail au groupe-cours. Pour vous aider à franchir cette étape, voici quelques suggestions concernant **l'exposé** et le **débat**.

A) L'exposé

L'exposé peut être réalisé par un ou plusieurs membres de l'équipe. C'est alors une bonne occasion de faire participer le plus d'équipiers possibles. Le fait de présenter collectivement un travail est en général plus vivant et soutient davantage l'intérêt des auditeurs, en l'occurence vos collègues étudiants. À cet égard, n'oubliez pas qu'ils peuvent être fatigués et que, contrairement à des lecteurs, il leur est impossible de revenir en arrière. Il faudra donc tout mettre en œuvre pour leur faciliter la compréhension des enchaînements de votre exposé.

1. **Avant l'exposé**

a) *préparation lointaine :*
   - **tracer un plan de présentation** qui mettra en lumière le cheminement de l'équipe que ce soit en termes de faits et problèmes identifiés, d'hypothèses avancées, de théories étudiées, d'actions envisagées ou réalisées (les idées principales devront ressortir clairement et s'enchaîner; les exemples, illustrations et explications devront donner de la crédibilité aux idées mises de l'avant; les conclusions fermeront la boucle);
   - **se préciser, en tant qu'équipe, le but de la communication** (exposer, démontrer, persuader, susciter des débats, etc.) en tenant compte des caractéristiques du groupe-cours; insister sur les exemples qui risquent de mieux rejoindre l'auditoire;
   - **prévoir une introduction provocante** afin de dégeler l'auditoire ainsi qu'une conclusion-bilan afin de pallier à des moments d'inattention durant l'exposé;
   - **prévoir des parties flexibles** que l'on exposera ou non selon le climat de l'auditoire et le temps;
   - **prévoir des supports audio-visuels** tels tableau, schéma, rétroprojecteur, film, diapositives, photos, musique, etc.;

- **faire une répétition** dans le but de vérifier la durée de l'exposé, son enchaînement, le degré d'intérêt qu'il peut susciter et aussi, si vous en utilisez, afin de vérifier votre maîtrise des appareils audio-visuels. Il n'est pas nécessaire cependant de tout minuter et de tout prévoir : il faut laisser à la dynamique du grand groupe l'occasion de se manifester.

b) préparation immédiate :

- **distribuer une semaine à l'avance le plan**, le schéma ou le résumé de l'exposé, sinon le distribuer juste avant la présentation ou encore écrire au tableau le plan de l'exposé;

- **prévoir une mise en situation** où l'auditoire sera invité à s'exprimer spontanément sur le sujet de l'exposé;

- **s'assurer qu'un membre de l'équipe aura en main l'ensemble du dossier** afin de fournir, à la demande, une statistique ou une référence.

2. **Durant l'exposé**

- **être clair**, concis et naturel... le plus possible;

- **improviser à partir du plan** au lieu de lire le texte;

- **parler assez fort**, moduler le débit et le rythme en fonction des éléments qu'on communique, ralentir aux passages plus compliqués;

- **exploiter les supports visuels** prévus, à tout le moins le tableau;

- **solliciter l'écoute active de l'auditoire** en lui posant des questions;

- **soutenir constamment le contact avec l'auditoire** en regardant tout le monde, en exploitant son sens de l'humour, en réagissant à certains comportements non-verbaux;

- **utiliser ses ressources personnelles de comédien**;

- **demander le «feedback» de l'auditoire à la fin de l'exposé** (remarques, commentaires, questions, opinions).

B) Le débat

Si vous avez à faire un débat, voici quelques modèles[5]. Quel que soit celui que vous choisirez, prévoyez une disposition des chaises et des tables en cercle afin de favoriser les échanges.

1. Débat dialectique

Deux membres de l'équipe préparent un bref exposé des deux points de vue les plus opposés concernant le sujet du débat et formulent des questions pour alimenter la discussion. Le thème et les questions sont remis au groupe-cours une semaine à l'avance. Un membre de l'équipe est choisi comme animateur.

Au début du cours, l'animateur présente clairement le sujet de manière à susciter l'intérêt. Il précise le déroulement du débat. Au cours de la discussion :

— il partage les tours de parole;

— il évite les digressions, resitue dans le sujet, remet en valeur les points de discussion;

— il pose des questions afin de relancer la discussion.

À la fin, il procède à une synthèse rapide des opinions émises, des solutions envisagées, des questions restées dans l'ombre.

2. Débat en sous-groupes

— **diviser le groupe-cours en équipes,** chacune d'elles se choisit un rapporteur et discute sur un aspect particulier du sujet;

— **réunir le groupe-cours en plénière,** chaque rapporteur présente son rapport et l'ensemble des participants est amené à poser des questions et à discuter;

— **dégager quelques conclusions.**

3. Débat entre les membres de l'équipe

— **réunir le groupe-cours** et l'informer clairement du sujet;

— **faire le débat entre les membres de l'équipe,** les autres étudiants prenant des notes;

— **animer une discussion générale avec le groupe-cours,** un des membres de l'équipe pouvant agir comme animateur;

— **présenter une synthèse** des discussions à la fin.

7. L'évaluation du travail d'équipe

A) Évaluation régulière

L'évaluation est un des moyens les plus efficaces, pour une équipe, d'analyser son fonctionnement et de contrôler la conduite de son travail. À la fin de chaque réunion, l'équipe choisit un temps pour procéder à un retour sur la réunion : procédures, contenu, climat. Les pistes que vous trouverez dans la section sur l'évaluation finale pourront vous aider à faire ce type de retour. Vous choisissez celles qui sont les plus appropriées.

B) Évaluation finale

Avant de faire l'évaluation collective, il est préférable que chaque participant-e procède à son auto-évaluation par rapport aux points suivants :

— efficacité et productivité personnelles (initiatives, réalisation des mandats);

— participation active au plan des discussions et de l'action;

— qualité du travail d'équipe (agencement des opinions et des efforts);

— préoccupation principale (procédures, tâches, climat);

— attitudes personnelles (ouverture, coopération, intégrité).

Voici maintenant quelques questions afin de poursuivre l'auto-évaluation :

— *Qu'est-ce qui m'a le plus satisfait et pourquoi?*

— *Qu'est-ce qui m'a le plus insatisfait et pourquoi?*

— *Quelles sont les connaissances ou les habiletés que j'ai acquises par rapport au sujet et grâce au travail d'équipe?*

— *Qu'est-ce que j'ai appris sur le travail d'équipe?*

— *Quoi d'autres?*

Après cette auto-évaluation individuelle, l'équipe procède à un bilan de l'expérience. Voici des questions que l'équipe peut alors se poser.

— *Avions-nous une idée claire des objectifs que nous poursuivions, des étapes que nous avions à franchir et des moyens à utiliser?*

— *Avons-nous consacré trop ou pas assez de temps aux prises de décision?*

— *Les procédures ont-elles été judicieusement choisies et appliquées?*

— *Formions-nous véritablement une équipe?*
(présences, partage des tâches égalitaire,
intégration des informations, climat stimulant)

— *Quelles ont été les principales difficultés que*
nous avons rencontrées?

— *Comment sommes-nous arrivés à surmonter les*
tensions sans les nier?

— *Avons-nous suffisamment tenu compte des opi-*
nions marginales?

— *En quoi le travail d'équipe nous a-t-il permis*
d'approfondir davantage un sujet qu'un travail
individuel?

— *Sommes-nous satisfaits des réalisations de notre*
équipe? des apprentissages que nous avons
faits?

— *Notre équipe aurait-elle pu être plus créatrice?*

— *Avons-nous exploité au maximum les ressources*
de chacun, celles du groupe-classe, celles du
professeur, celles de l'environnement?

— *Le support accordé par le professeur a-t-il été*
suffisant, sinon pourquoi?

— *Quelles sont les recommandations que nous*
ferions à une équipe qui commence à travailler?

— *Notre travail d'équipe peut-il servir de base à un*
projet collectif que nous pourrions mettre sur
pied?

C) La note

Si le travail d'équipe a été vraiment égalitaire, on
peut, sans problème, s'attribuer une note de groupe;
elle reflètera nécessairement le travail de chacun-e.
Si ce n'est pas le cas, ne fuyez pas la confrontation;
c'est une question d'intégrité personnelle et collective. Lorsque l'engagement personnel des membres
d'une équipe est inégal, la note individuelle est
légitime. Elle peut éviter des frustrations qui vous
feraient craindre à jamais le travail d'équipe.

BIBLIOGRAPHIE

ALMERAS, Jacques et Daniel FURIA. Méthodes de réflexion et techniques d'expression, Paris, éditions Armand Colin, 1973, 461 pages.

FORTIN-LINCK, Louise. Guide méthodologique. Méthode de travail intellectuel, Collège Bois-de-Boulogne, Éducation des adultes, juillet 1979, 188 pages.

FOURCADE, René. Pour une pédagogie dynamique, Paris, éditions ESF, coll. «Sciences de l'Éducation», 1972, 218 pages.

MIGNAULT, Marcel. Les chemins du savoir, tomes 1 et 2, La Pocatière, Société de stage en bibliothéconomie de la Pocatière, 1979, 124 pages et 188 pages.

Séminaires de Roger Mucchielli, Le travail en équipe, Paris, éditions ESF, 1980, 157 pages.

QUINTAL, Huguette. L'éducateur et l'équipe de travail en éducation des adultes, Université de Montréal, pour le cours EAN 3525, Certificat en andragogie, s.d., 73 pages.

ST-ARNAUD, Yves. Les petits groupes, participation et communication, Montréal, éditions PUM, 1978, 176 pages.

En collaboration. Documents pédagogiques 2, Cahier méthodologique, par un groupe de professeurs du département de philosophie, Collège de Maisonneuve, coll. «Documents de Maisonneuve», s.d., 27 pages.

NOTES

1   Il s'agit d'utiliser la créativité de chacun et d'identifier le maximum d'idées dans un minimum de temps. Chaque membre de l'équipe s'exprime autant de fois qu'il le veut. On note les idées au tableau sans les critiquer; on enchaîne plutôt de l'une à l'autre en utilisant des associations et des analogies, en faisant appel à des souvenirs, des lectures, des expériences, etc. Ensuite on les classe, on les discute et les évalue, on retient celles jugées les meilleures.

2   Cette démarche est extraite de l'ouvrage de Guy ROBERT et autres, La dynamique des groupes appliquée dans une classe d'adultes, Montréal, Ministère de l'Éducation, 1969, p. 114.

3   Cette section est inspirée de l'ouvrage d'Huguette Quintal, L'éducateur et l'équipe de travail en éducation des adultes. Référence complète ci-haut.

4.   Cette section est inspirée de l'ouvrage de messieurs Jacques Alméras et Daniel Furia, Méthodes de réflexion et techniques d'expression. Référence complète ci-haut.

5.   Ces modèles sont extraits de l'ouvrage de messieurs Jacques Alméras et Daniel Furia, Méthodes de réflexion et techniques d'expression. Référence complète ci-haut.

14

LA PRODUCTION AUDIO-VISUELLE

rédigé par Ginette Lépine

Ce chapitre ne s'adresse pas aux futurs artistes et professionnels de la communication audio-visuelle. Il s'adresse à l'étudiant-e qui, pour une raison ou une autre, désire recourir aux moyens audio-visuels dans le cadre de ses apprentissages.

Ceux et celles qui aiment travailler en équipe et qui veulent exercer leur créativité trouveront avec les moyens audio-visuels une excellente occasion d'apprentissage. Réaliser un document audio-visuel permet de transmettre un message de façon originale et de se sensibiliser à une nouvelle technique de communication, à un nouveau média. Ce média peut être un vidéo, un diaporama, une bande sonore, etc.

Attention cependant, on ne s'engage pas dans cette voie sans savoir que la démarche pourra prendre autant sinon plus de temps que pour un travail écrit. Si vous en êtes à votre première expérience, attendez-vous à des tâtonnements et à des reprises.

SOMMAIRE

1. Quelques informations préliminaires

Si vous avez décidé de réaliser un document audio-visuel, vous savez sans doute ce que vous mettrez en images. De plus, vous avez probablement décidé aussi du média que vous utiliserez.

Voici quand même quelques informations qui peuvent vous être utiles avant de débuter.

— Si vous n'avez qu'à rendre compte d'une entrevue individuelle ou de groupe, table ronde ou séminaire, demandez-vous alors si l'enregistrement sonore ne suffirait pas à vos besoins, même si par la suite vous désirez faire entendre cette entrevue à des personnes.

— Si votre intention est d'enregistrer sur vidéo un événement ou une réalité, sachez dès le départ qu'il sera beaucoup plus facile de filmer un **événement statique** tels une entrevue, une table ronde, un groupe restreint en interaction verbale que de filmer un **événement dyna-mique** telles une manifestation, une fête populaire, une scène de rue.

■ **Une démarche générale**

Pour réaliser un document audio-visuel qui, sans être «une œuvre», réponde à certains critères de qualité, il vous faut établir un processus de produc-tion. Voici une démarche générale que vous pouvez adapter à vos besoins. Si vous travaillez à plusieurs, le chapitre sur le travail d'équipe peut certainement vous être utile.

— définir les objectifs, c'est-à-dire préciser l'intention de communication (informer, illustrer, sensibiliser, modifier des comportements, divertir, etc.). Les ob-jectifs doivent être définis en fonction du public-cible et être évaluables. Tentez de résumer en cinq lignes votre thème, cela vous obligera à clarifier votre ob-jectif et à vous y référer constamment.

POURQUOI?

— décider du médium (vidéo, diaporama, bande sonore...);

— établir le contenu (thème, sous-thèmes et imaginer des liens entre les sous-thèmes);

— choisir un titre (il peut être provisoire);

— déterminer une durée.

QUOI?

— identifier le public-cible (les étudiants-es du groupe-cours, des intervenants-es d'un milieu, une classe d'enfants); cerner les caractéristiques de ce public et retenir celles qui sont pertinentes pour la production; analyser les conditions de diffusion (lieu physique, moment de la journée).

POUR QUI?

— bâtir l'échéancier et répartir les tâches. Pour un travail d'équipe efficace, il est important que les tâches soient clairement définies et bien réparties : recherche, dactylographie, réservation et vérification des appareils, demande des autorisations néces-saires, réalisation, tournage, enregistrement du son, interview, montage, présentation... Prévoir des réunions de mises en commun et de discussion.

COMMENT?

Gardez toujours en tête l'objectif de départ et votre public-cible afin d'évaluer au fur et à mesure le contenu de votre document ainsi que sa qualité technique.

Pour vous assurer d'atteindre votre objectif de communication, pensez, au moment de la diffusion, à une présentation dynamique de votre document. Informez votre auditoire des intentions qui vous ont guidé dans la réalisation du document et transmettez les informations qui peuvent aider à la compréhension de votre message. Prévoyez aussi une méthode pour recueillir les feed-back et pour faire participer l'auditoire.

2. Un vidéo

L'outil vidéo sert à enregistrer et à diffuser des images et du son. Le matériel d'enregistrement (caméra, magnétoscope, micro) est léger. Il permet de visionner l'image immédiatement après son enregistrement et de l'effacer si nécessaire.

A) Quelques suggestions si vous enregistrez une réalité ou un événement statique

Nous entendons par **événement statique** une activité qui se déroule dans un espace délimité et qui réunit un nombre restreint de personnes généralement assises et en interaction verbale. On pense à une entrevue, à une table ronde, un panel, une conférence, etc. Pour ce genre d'événement, l'on se centre sur **ce qui se dit.**

1. **N'utiliser qu'une caméra et la disposer en permanence sur son trépied.**

2. **Diriger la caméra bien en face de la ou des personne-s filmée-s.**

3. **Utiliser le plan le plus rapproché possible** pour capter les expressions du visage, les émotions; si vous ne filmez qu'une seule personne, utilisez le gros plan.

4. **Bien cadrer** les scènes et **ajuster le foyer** (mise au point).

5. **Éviter de passer d'un plan à un autre inutilement** (gros plan — plan large — gros plan...). Attention aux mouvements inutiles du zoom ou de la caméra.

6. **Ne pas multiplier les images d'ambiance;** prenez-les si vous pouvez, au début de l'activité ou durant les temps morts.

7. **Enregistrer l'activité d'un bout à l'autre** ou les parties qui répondent à son objectif. Quand cela est possible, enregistrer un peu plus de matériel pour avoir des choix au montage.

8. **Utiliser préférablement un ou des micros autres que celui qui est intégré à la caméra**

et le-les disposer le plus près possible de la source du son que vous désirez enregistrer. Faites des essais avant de débuter. **Notez bien** que lorsqu'on branche un micro dans la prise prévue à cet effet dans le magnétoscope, le micro intégré à la caméra est automatiquement mis hors circuit.

Au montage, vous conservez les images qui font ressortir les idées et vous éliminez les redites.

■ **L'entrevue individuelle**

L'entrevue sera préparée différemment selon que la personne est habituée à être interrogée publiquement ou non et selon que votre intention est de recueillir des informations étudiées ou spontanées. Un-e spécialiste, par exemple, a de façon générale l'habitude de la caméra, il n'est pas nécessaire de le-la familiariser avec les appareils techniques. Monsieur ou madame tout le monde cependant, peuvent être insécurisés-es et figer devant la caméra; vous pouvez alors prévoir un temps de discussion avec eux et même, un truc efficace, leur faire expérimenter rapidement le matériel avant le début du tournage.

Aussi, d'un-e spécialiste on s'attend générale-ment à une information précise et développée, alors il vous faudra tracer un plan de l'entrevue. Il est toujours préférable de prévoir les questions avec lui-elle, cela le-la mettra en confiance tout en vous fournissant du matériel d'entrevue. D'une madame ou d'un monsieur tout le monde, on recherche un avis, un commentaire, une information qu'on ne possède ou n'intuitionne pas au départ; cela demande moins de préparation au plan du contenu et suppose davantage de place pour l'imprévu.

1. **Se servir** d'un micro d'appoint.

2. **Se placer** (l'interviewer) environ à trois pieds de l'interlocuteur-trice et tenir le micro le plus près possible de la source du son.

3. **Ne pas dissimuler** à tout prix le micro, sa pré-sence ou non dans l'image n'est pas importante; ce qui compte, c'est d'obtenir un son de qualité.

4. **Voir** les items 1 à 7 de la page 179.

B) Quelques suggestions si vous enregistrez une réalité ou un événement dynamique

Nous entendons par **événement dynamique** une activité qui se déroule dans un espace ouvert, généralement à l'extérieur et qui regroupe un nombre important de personnes, le plus souvent en mouvement. On pense à une manifestation, à une fête populaire, à des scènes de rue, etc. Pour ce genre d'événement, l'on se centre sur **ce qui arrive.** Nous l'avons dit précédemment, filmer une activité de cette nature est plus difficile. Généralement elle se déroule à un rythme accéléré : cela demande du métier, exige de la personne-caméraman de grandes habiletés techniques.

1. **Filmer avec la caméra à l'épaule** pour avoir de la mobilité; mais attention, ne pourchassez pas les images sans arrêt, d'autant qu'elles peuvent se répéter. Déterminez un périmètre à couvrir et choisissez vos images en fonction de ce qui est le plus important par rapport à l'événement et par rapport à vos objectifs.

2. **Ne pas interrompre le tournage à tout instant.** S'il y a des longueurs, vous les retrancherez au montage.

3. **Tirer parti de la lumière du jour.** Éviter de filmer en soirée quand cela est possible.

4. **Ne pas rajouter de micro d'appoint,** à moins de faire une entrevue sur les lieux. Le micro intégré convient parfaitement pour saisir le son d'ambiance. Si vous faites une entrevue, voir les items 1-2-3- de la page 180.

5. **Utiliser le plan d'ensemble pour embrasser l'événement et plusieurs petits plans pour saisir des scènes en particulier.** Éviter cependant de passer d'un plan à un autre inutilement. Attention aux mouvements inutiles du zoom et de la caméra!

6. **Bien cadrer les scènes. Ne jamais oublier qu'il faut rajuster le foyer** (faire la mise au point) chaque fois que la distance entre l'objet ou la personne filmé-e et la caméra change.

7. **Ne pas utiliser une longueur focale au-delà de 50 millimètres sur le zoom;** les risques d'obtenir une image instable sont trop grands (ceci ne s'applique pas si la caméra est déposée sur un trépied).

Le tournage fini, vous passez à l'étape généralement plus «paisible» de l'audition et du visionnement du matériel produit. Vous sélectionnez les passages à retenir. Ensuite, avec les services d'un technicien si nécessaire, vous effectuez **le montage,** c'est-à-dire que vous assemblez les images retenues et vous intégrez les éléments sonores (musique, narration...). N'oubliez pas le titre et, si nécessaire, le générique.

3. Un diaporama

Le diaporama est constitué d'un ensemble de diapositives reliées à une bande sonore sur laquelle on retrouve généralement un texte narré et accompagné de musique.

On peut diviser la production d'un diaporama en trois étapes :

A) La synopsis et le scénario

B) Le découpage technique

C) La production (photo, dessin, enregistrement sonore...)

A) La synopsis et le scénario

Établissez en cinq lignes votre objectif. Avant d'entreprendre le scénario, résumez en une page la progression de l'histoire ou du thème. Certains appellent cette étape la synopsis. Vous devez décider si votre diaporama sera composé de dessins et de photographies, s'il y aura un seul narrateur ou plusieurs qui dialogueront ensemble. Tenez compte des ressources et des talents disponibles. Plus il y aura de voix, plus l'enregistrement sera complexe.

Ensuite, vous passez à la rédaction du scénario. Séparez en deux une feuille de 8½ par 14, utilisez la partie de gauche pour le texte qui sera dit et réservez la partie de droite pour noter l'état d'esprit des personnages, les intonations de la voix... En lisant votre texte à haute voix, vous aurez une idée du temps qu'un narrateur prendra à le dire : rappelez-vous que raconter un texte prend plus de temps que le dire pour soi.

Lors de la rédaction de votre scénario, ne perdez pas de vue votre public-cible. Utilisez un langage intéressant et accessible (par exemple : écrire sous forme de conte pour un auditoire d'enfants et dans un langage vulgarisé pour un auditoire non-spécialisé).

B) Le découpage technique

Le découpage technique est une étape importante qui détermine le reste de la production. Il s'agit d'une feuille de route sur laquelle on inscrit le texte à enregistrer, les images à prendre, les sons à trouver, les pauses...

On peut utiliser une feuille 8½'' par 14'' dans le sens horizontal. On divise cette feuille en quatre colonnes :

1. les numéros des diapositives (quatre diapos par feuille);

2. le texte à enregistrer;

3. une description et un croquis des images à faire;

4. le son à réaliser sur la bande sonore.

No diapo.	Texte	Visuel		Son
1	*(aucun texte)*	Scène de ville		Ambiance de ville Auto qui passe
2	*(aucun texte)*	On voit un personnage sur le trottoir		Ambiance de ville
3	*Bonjour vous autres!*	Gros plan du personnage		Ambiance de ville (moins fort)
4	*Devinez ce que j'ai dans la main?*	Main fermée		Musique jazzée

Choisissez des images évocatrices et assurez-vous de les accompagner d'un texte (dialogues, narration) concis et efficace. Évitez de décrire les images qui parlent d'elles-mêmes. Vous pouvez prévoir un leitmotiv : un dessin ou un son qui revient.

C) La production

— La photographie

Il est préférable de prendre vos propres photos en vue du diaporama plutôt que d'utiliser des photos déjà faites. De nombreux ouvrages vous offrent des conseils pour réaliser de bonnes photos. Mentionnons deux titres qui peuvent vous être particulièrement utiles : *La photographie* de Édouard BOUBAT, Coll. Le livre de poche (3626), 1974, et *La technique de la photo* de Antoine DÉSILETS, éd. de l'Homme, 1971.

Assurez-vous de maîtriser les techniques photographiques : exposition de la pellicule, mise au point. Faites des images simples, un élément d'information à la fois. Variez vos cadrages lors de la prise de vue, la variété des formes protège de la monotonie. Quant à savoir le nombre de diapositives dont

183

vous aurez besoin, rappelez-vous qu'un diaporama excède rarement dix minutes et que c'est la bande sonore qui détermine sa durée. Les diapositives peuvent rester entre quatre et dix secondes sur l'écran et il est plus dynamique de varier le temps-écran de l'une à l'autre. Prenez-en plus que moins, ainsi vous pourrez choisir.

— Le dessin

Si votre diaporama comprend des dessins, remplissez-les de couleurs vives : ce serait fade d'en tracer uniquement les contours. Rappelez-vous de ne pas surcharger les dessins. Ne terminez pas vos dessins à la limite de la feuille car le contour n'apparaîtra pas dans la diapositive. Utilisez de préférence des cartons 8'' par 12'' ou d'une dimension 2'' par 3'' dans le sens horizontal, c'est celle du cadrage d'un appareil 35 millimètres.

Pour la présentation du titre, vous pouvez utiliser des cartons de couleur et des crayons feutre. Vous pouvez aussi vous inspirer de votre environnement visuel et écrire le titre, par exemple, à la craie sur un tableau ou un trottoir, le graver dans le sable…

— La bande sonore

Enregistrez, en utilisant une bande ¼, sur deux pistes différentes le texte et les sons (effets sonores ou musique).

Enregistrez d'abord sur une piste (A) le texte. Si vous vous trompez en disant votre texte, effacez immédiatement, cela vous épargnera de le faire au montage. Prévoyez de la musique entre certaines parties du texte.

Ensuite enregistrez sur l'autre piste (B) la musique et les effets sonores que vous aurez sélectionnés au préalable. Évitez de choisir des musiques très connues auxquelles l'on a déjà associé des images.

Finalement, mixez (en équilibrant la force de la musique par rapport à la narration) les deux pistes sur une cassette.

— L'étape finale

Il est possible de programmer l'enregistreuse de façon à ce qu'elle assure le changement automatique des diapositives selon le scénario que vous avez prévu. Ce système vous libère au moment de la projection et vous permet de mieux percevoir les réactions de l'auditoire.

N'oubliez pas d'inscrire au générique la liste des participants-es, la date de production, les personnes ou institutions que vous voulez remercier de leur collaboration.

4. Les comptoirs du prêt de l'audio-visuel

Règle générale, le Service de l'audio-visuel des institutions d'enseignement assure à la clientèle étudiante le prêt d'équipements (magnétophones, ensemble vidéo, appareils photographiques, projecteurs à diapositives, etc.). Les matières premières (films, bandes, acides) ne sont jamais fournies : vous pouvez sans doute vous en procurer à la Coopérative ou au magasin de fournitures générales de l'institution que vous fréquentez.

Lorsque vous empruntez du matériel, vérifiez pendant combien de jours vous pouvez le garder. Il est souvent nécessaire de présenter, outre votre carte d'étudiant-e ou un bulletin d'inscription validé, une autorisation écrite de votre professeur; ces formules d'autorisation sont souvent disponibles aux différents comptoirs de l'audio-visuel. SI vous désirez réserver à l'avance, vous devez généralement passer à un comptoir de prêts car les réservations ne sont pas acceptées par téléphone.

Vérifiez s'il est possible de procéder à des ententes particulières pour retourner de l'équipement en fin de soirée et durant les week-ends.

Pour éviter tout malentendu et un éventuel mauvais fonctionnement des appareils, vérifiez toujours les équipements lors de l'emprunt.

5. D'autres services?

Dans certaines institutions, il existe un Service d'autoproduction rattaché au Service de l'audio-visuel. Il s'adresse à celles et à ceux qui produisent leurs propres documents. Règle générale, ce service assure un support technique aux productions étudiantes et facilite l'utilisation des équipements.

Vérifiez donc auprès du Service de l'audio-visuel, si vous n'auriez pas accès à :

— des chambres noires;
— des salles de visionnement (vidéos, films et diaporamas);
— un studio pour la synchronisation des diaporamas;
— un studio de son (enregistrement et montage);
— un studio vidéo (enregistrement et montage).

Si vous avez effectivement accès à ces services, informez-vous du numéro des locaux, des heures d'ouverture, du type d'assistance technique offerte et des règles concernant les réservations.

Lorsque vous réserverez une salle ou un studio, mentionnez le type d'équipement dont vous aurez besoin et arrivez avec tout votre matériel (musiques, textes, etc.).

BIBLIOGRAPHIE

ARCHAMBAULT, Jacques et Alain CARDINAL. Le scénario et le découpage technique, IRDEB (Brésil) et L.L.L. (Mtl), 1980, 68 pages.

En collaboration. Méthode de travail intellectuel, recueil de textes, Université de Montréal, Faculté de l'Éducation permanente, Propédeutique, 1980, 83 pages.

En collaboration. Les travaux au CEGEP, guide méthodologique, CEGEP de Saint-Jérôme, juin 1983, 116 pages.

CAHOUR, François. Technique et communication vidéo, Paris, éditions Clédor, coll. «Audio-visuel aujourd'hui»; 1978, 97 pages.

15

LES TRAVAUX PRATIQUES EN SCIENCES PURES ET APPLIQUÉES
AU LABORATOIRE — SUR LE TERRAIN

rédigé par Lucie Sauvé

Les travaux pratiques complètent la partie théorique de plusieurs cours en sciences physiques, chimiques, biologiques, en sciences de la terre et en sciences techniques. Le plus souvent, ces activités se déroulent au laboratoire ou sur le terrain.

L'un des objectifs des travaux pratiques est de permettre à l'étudiant-e de s'exercer aux diverses ACTIVITÉS LIÉES À LA RECHERCHE:

- observation
- manipulation
- instrumentation
- mesure
- conception d'un protocole
- déroulement d'un protocole
- prise de données
- traitement de données
- présentation des résultats
- discussion des résultats
- etc.

SOMMAIRE

1. Préparation

En général, les étudiants-es reçoivent quelques jours à l'avance la documentation qui leur permet de se préparer au travail. Cette documentation peut comporter les informations suivantes:

Introduction:

- l'objectif (ou les objectifs) de l'activité;
- un exposé de la problématique à laquelle se réfère le travail;
- une définition des concepts, des termes utilisés;

- l'état des connaissances sur le sujet (une revue plus ou moins sommaire de la littérature);

- l'hypothèse à vérifier, le procédé à évaluer ou le phénomène à observer;

- le principe expérimental.

Matériel et méthode:

- la liste du matériel;

- la description des instruments (nom, marque, numéro), avec leur précision respective, leur mode d'emploi et des notes sur la calibration de chacun;

- la méthode: plan d'expérience, stratégie d'échantillonnage, nombre d'éléments, observations ou mesures à prendre, durée, etc.;

- le protocole: marche à suivre, manipulations successives;

- des consignes sur la cueillette des données;

- des consignes sur le traitement statistique des données: paramètres recherchés, tests de comparaison, de signification, etc.

Indications concernant le rapport d'activité:

- des précisions sur le contenu et la forme;

- une liste de questions servant à alimenter l'analyse des résultats.

Références bibliographiques utilisées dans le document

Bibliographie

Idéalement, cette bibliographie est conçue de telle façon qu'on peut y repérer les articles et les pages des monographies les plus pertinents à la préparation de l'activité.

> Lisez attentivement cette documentation avant d'arriver au laboratoire ou sur le terrain: cela accélère le déroulement du travail et en augmente l'efficacité; cela permet, surtout, d'éviter de commettre des erreurs.

> Assurez-vous de bien comprendre les objectifs de l'activité.

> Identifiez les points qui suscitent des interrogations et préparez les questions que vous souhaitez poser au début de l'activité.

> Si certaines connaissances vous manquent pour mener à bien les différentes étapes du travail, faites la «mise au point» qui s'impose.

> Lisez les principaux documents suggérés dans la bibliographie; vous y trouverez une approche théorique de la problématique. Ces connaissances pourront vous sensibiliser à l'importance de certains aspects du travail d'observation, de manipulation ou de mesure.

2. Au laboratoire — sur le terrain

Au début de l'activité, votre professeur-e ou un-e démonstrateur-trice apportera les précisions nécessaires au bon déroulement du travail:

- présentation du matériel;

- explication du fonctionnement des appareils;

- rappel des étapes de la marche à suivre du travail;

- ajout(s) au protocole, modification(s) de dernière heure;

- démonstration de certaines manipulations;

- consignes sur l'enregistrement des données: tableau collectif pour le groupe, par exemple;

- etc.

3. Santé et sécurité

L'un des aspects importants du bon déroulement des activités au laboratoire et sur le terrain est la protection contre les dangers auxquels pourraient être exposés les étudiants-es et le personnel. Procurez-vous la documentation préparée à cet effet par votre institution d'enseignement. Par exemple:

DÉPARTEMENT DE CHIMIE. 1986, *Introduction à la sécurité dans les laboratoires et à la manipulation de substances dangereuses,* Université du Québec à Montréal, 21 p.

Au début de chaque session ou de chaque séance de travaux pratiques, votre professeur-e ou le-la démonstrateur-trice vous communiquera les informations relatives à la sécurité. Vous trouverez ici quelques indications d'ordre général.

Au laboratoire

Si vous manipulez des substances dangereuses (corrosives, toxiques, inflammables, etc.),

— portez toujours un sarrau et des souliers fermés;
— enlevez les accessoires encombrants (foulards, bijoux);
— attachez les cheveux longs;
— portez des lunettes de sécurité;
— enlevez vos verres de contact.

Vous ne devez jamais boire ou manger au laboratoire.

Sachez réagir en cas d'accident (incendie ou éclaboussure d'une substance corrosive, par exemple). Localisez la trousse de secours, la douche, la douche oculaire, les antidotes aux poisons, les extincteurs de feu et la couverture ignifuge. Repérez les sorties d'urgence.

Avant d'utiliser un produit, assurez-vous qu'il est correctement identifié. Informez-vous de ses propriétés, des incompatibilités avec d'autres substances et des précautions (dose, température, récipient, etc.) à prendre pour le manipuler et l'utiliser.

Identifiez au fur et à mesure toutes les substances transvidées ou fabriquées.

Ne «pipettez» jamais avec la bouche.

Ne touchez pas à une source radioactive avec les mains; des dépôts invisibles peuvent être portés malencontreusement à la bouche.

Avant de vous servir d'un appareil, soyez assuré d'en connaître le fonctionnement. Les sources électriques à haute tension et les émissions de certaines radiations (rayons laser, radiations ionisantes, micro-ondes, etc.) constituent un réel danger pour le néophyte.

Sachez identifier les robinets selon leur couleur:

— rouge pour l'eau chaude;
— vert pour l'eau froide;
— orange pour l'air sous pression;
— jaune pour le gaz.

Assurez-vous que la ventilation est adéquate pour le genre de travail que vous effectuez. Lorsque vous travaillez avec des produits volatiles dangereux ou des substances qui dégagent des vapeurs nocives, travaillez sous la hotte.

Informez-vous des précautions à prendre pour manipuler les animaux de laboratoire.

Éliminez les dangers de chute et de bris de matériel. Soyez ordonnés. Ne laissez pas traîner inutilement du matériel qui ne sert pas ou qui ne servira plus à votre travail. Essuyez les surfaces mouillées.

Après avoir manipulé des substances toxiques, lavez-vous les mains et le visage.

Suivez les indications de rangement du matériel. Ne prenez pas d'initiative sans consulter la personne responsable. Il peut être dangereux pour vous et dommageable pour les appareils, d'installer ou de démonter certains circuits électriques complexes.

Déposez ou déversez les déchets uniquement dans les récipients de vidange ou de récupération prévus à cette fin. Soyez assuré que les contenants sont bien identifiés.

Sur le terrain

Sur le terrain, portez de bons souliers ou, s'il y a lieu, des bottes. Transportez votre matériel de travail dans un sac solide, bien fermé, un sac à dos de préférence. Avertissez la personne responsable de vos déplacements (destination, durée). Sachez vous orienter en forêt. Ne vous pressez pas inutilement: prévenez les accidents.

Avant de voyager sur l'eau, vérifiez l'état de l'embarcation et la quantité de combustible disponible. Sur l'eau, vous devez obligatoirement porter une veste de sécurité.

Respectez l'intégrité du milieu visité. Informez-vous des règlements particuliers en vigueur dans les parcs, les réserves, les centres de recherche, etc. Respectez également la propriété privée: assurez-vous que toutes les autorisations nécessaires ont été obtenues. Ne dérangez pas les troupeaux d'animaux domestiques. En milieu naturel, sachez quoi faire si vous rencontrez un animal «sauvage». Rapportez vos effets et vos déchets. Entre autres, n'oubliez pas de reprendre les rubans plastifiés de couleur que l'on attache aux arbres pour marquer un transect, par exemple.

En groupe, soyez fidèle aux consignes de rendez-vous. Soyez à l'heure au bon endroit.

En somme, au cours des activités de travaux pratiques, vous devez faire preuve de prudence et de vigilance. N'hésitez jamais à demander une information à la personne responsable.

4. Le rapport de travaux pratiques

La préparation et la rédaction du rapport vous permettent de faire l'analyse et le bilan du travail effectué au laboratoire ou sur le terrain. Cette étape devient l'occasion de développer votre sens critique et de vous exercer à la rigueur de la pensée et de la communication scientifique.

Les conventions de rédaction d'un rapport de recherche peuvent différer d'une discipline à l'autre, ou même d'un-e responsable à l'autre. Suivez les consignes qui vous sont données.

On vous demandera parfois de rédiger votre rapport sous forme d'un article scientifique. Il devra comporter alors les parties suivantes:

Résumé

Ce sommaire (de 100 à 150 mots environ) contient en général:

- un aperçu de la problématique;

- l'énoncé de l'objectif;

- une brève description de l'approche expérimentale;

- un résumé des résultats;

- les points saillants de la discussion;

- la-les principale-s conclusion-s.

Introduction

Si l'**Introduction** n'est pas déjà incluse dans la documentation préparatoire à l'activité, vous devez la concevoir et la rédiger vous-même. Pour ce faire, relisez le paragraphe concernant l'introduction, à la page 189 de ce chapitre.

Matériel et méthodes

L'objectif de cette partie du rapport est de permettre au lecteur de juger de la validité et de la portée des résultats, et de permettre également de reproduire l'expérience. Il faut donc être précis, sans surcharger le texte de détails pratiques sans importance.

Si la partie **Matériel et méthode** de la documentation préparatoire (p. 190) est suffisamment explicite, incluez-la tout simplement dans votre rapport; vous devez signaler cependant les modifications apportées au protocole au cours du travail.

Il convient parfois de faire un schéma du montage expérimental.

Quand l'activité a lieu sur le terrain, cette section du rapport doit contenir une brève description de la région étudiée: localisation, topographie, climat, etc.. Vous pouvez y joindre une carte.

Résultats

Ce sont les résultats du traitement des données qui font l'objet du rapport. Quant aux données brutes, vous pouvez les mettre en annexe.

Donnez un exemple (mais un seul) de chaque type de calcul effectué pour le traitement des données.

Les résultats doivent être accompagnés des erreurs de mesure (ou incertitudes sur la mesure). Donnez un exemple de calcul pour chaque type d'erreur.

Les résultats peuvent être présentés sous forme de tableaux (série de données disposées en lignes et en colonnes) ou de figures (graphique, schéma, carte, photo, etc.). Vous trouverez à la section 6 de ce chapitre les informations relatives à l'illustration scientifique.

Si les résultats sont des tracés obtenus sur un appareil, n'incluez dans le rapport que les segments pertinents, collés sur une feuille. Ces figures doivent comporter des indications concernant les unités de mesures auxquelles ces données correspondent.

Les tableaux et les figures doivent être commentés brièvement afin d'en faire ressortir les points importants. Utilisez un langage objectif, clair et concis. Il ne s'agit certes pas de reprendre en mots tout le contenu des illustrations. Aucun tableau, aucune figure ne doit être présenté sans avoir été annoncé dans le texte. Par ailleurs, la présentation d'un tableau ou d'une figure suit le paragraphe où l'on en a fait mention dans le texte.

C'est dans la section résultats qu'on présente également les résultats des tests statistiques utilisés, en précisant la probabilité d'erreur de type 1 tolérée.

Discussion

Cette section fait particulièrement appel à la rigueur scientifique. Elle comporte:

- une interprétation des résultats: validité, signification, possibilité de généralisation;

- une comparaison des résultats avec ceux d'autres recherches sur le même sujet;

- une réflexion critique sur la méthode utilisée: pertinence, validité, manque à gagner;

- une réflexion critique sur les instruments de mesure: fidélité, justesse, sensibilité, efficacité;

- une évaluation complète des erreurs possibles: biais sur les résultats;

- des suggestions quant à la modification de la méthode ou du protocole.

Parfois, résultats et discussion sont réunis en une seule section, la discussion accompagnant immédiatement les résultats.

Conclusion

Cette partie du rapport rappelle les objectifs du travail et, s'il y a lieu, l'hypothèse de départ; elle comporte un résumé succinct des résultats et de leur interprétation. Cette section peut être l'occasion d'améliorer l'hypothèse de départ ou de formuler des hypothèses rivales. Enfin, si des recommandations découlent de votre étude, vous pouvez également les énoncer en conclusion.

Références bibliographiques

Vous devez dresser, par ordre alphabétique d'auteurs, la liste des ouvrages cités dans votre rapport. À chaque ouvrage cité dans le texte doit correspondre une référence bibliographique. Par ailleurs, seuls les ouvrages cités peuvent apparaître dans la liste des références. Quant aux ouvrages consultés mais non cités, ils font l'objet d'une liste à part.

5. Quelques règles d'écriture

Ces règles sont très différentes selon les champs d'études. Si vous êtes un-e étudiant-e en sciences humaines, consultez plutôt les pp. 49 et 50 du chapitre 4.

Les unités du système international de mesure

Pour écrire correctement les unités de mesure (abréviations, majuscules, ponctuation, etc.), référez-vous à un guide. nous suggérons:

CENTRE DE RECHERCHE INDUSTRIELLE DU QUÉBEC. 1982, *Guide des unités SI,* Production des services des communications CRIC, Québec, pp. 143-155.

Les toponymes

L'écriture des toponymes comporte plusieurs difficultés: articles et particules de liaison, abréviations, majuscules, ponctuation, écriture des chiffres, etc. Nous vous suggérons de vous référer à l'ouvrage suivant:

GOUVERNEMENT DU QUÉBEC. 1984, *Guide à l'usage des cartographes,* Publications du Québec, pp. 11-30.

Les noms d'espèces biologiques

Le nom d'une espèce biologique doit être donné en latin et, comme tous les noms de langue étrangère, il doit être souligné. Rappelons que le souligné dans un manuscrit correspond à l'italique dans le texte imprimé. Attention à l'utilisation de la majuscule pour le premier terme, identifiant le genre. Voici des exemples de souligné dans un manuscrit.

Drosera rotundifolia L. est abondante dans les tourbières.

Le Jaseur des cèdres (Bombycilla cedrorum) est un oiseau grégaire.

Les Verges d'or (Soligago spp.) se retrouvent dans différents habitats.

---

spp. est l'abréviation de *species,* qui signifie espèce-s: dans notre exemple, toutes les espèces de Verge d'or. On lit parfois *sp;* c'est qu'il s'agit alors d'une espèce dont on connaît le genre seulement.

Remarquez que le nom latin d'une espèce biologique est souvent suivi de l'initiale du «découvreur» de cette espèce. Dans le cas de notre premier exemple, il s'agit de Linné. En paléontologie, on ajoute l'année de la découverte.

Les citations dans le texte

Lorsqu'on se réfère à un-e auteur-e dans un texte scientifique, on doit donner entre parenthèses les informations qui permettront au-à la lecteur-trice de retrouver la référence complète dans la liste des RÉFÉRENCES BIBLIOGRAPHIQUES.

Seul le nom de famille de l'auteur-e ou des auteurs-es est précisé, suivi de l'année de publication du document consulté. Par exemple:

> Lebrun et Guérineau (1981) croient que la meilleure technique de conservation des champignons est le séchage.

Quand il y a plus de deux auteurs-es, on n'indique que le nom du-de la premier-e auteur-e, suivi de «et coll.» (pour collaborateurs-trices) ou «et *al.*» (pour *alter*, mot latin qui signifie autre-s). Par exemple:

> Selon Smoragiewicz et coll. (1986), la valorisation du lactoserum est l'un des moyens de lutter contre la pollution industrielle.

Voici d'autres façons de se référer aux auteurs-es dans un texte;

> La valorisaiton du lactoserum est l'un des moyens de lutter contre la pollution industrielle (Smoragiewicz et coll., 1986).
>
> «La meilleure technique de conservation nous semble être le séchage.» (Lebrun et Guérineau, 1981, p. 39)
>
> Landry et Mercier (1973, p. 289) définissent le glissement de terrain comme «un mouvement lent ou rapide qui se développe le long d'une surface visible ou présumée que l'on nomme la surface de glissement.»

Dans les deux derniers exemples, les guillemets indiquent qu'il s'agit de citations. Lorsqu'une citation provient d'un livre, et non pas d'un article de revue, il convient d'ajouter la page d'où elle a été extraite. S'il s'agit d'une longue citation (plus de trois lignes), on doit la détacher du texte et la transcrire sans guillemets, en retrait du texte principal.

Les références bibliographiques

Voici quelques exemples de références bibliographiques. Observez-y les caractéristiques suivantes:

— les différents éléments de la référence;

— la place respective de chacun de ces éléments: par exemple, le prénom des auteurs et la date;

— l'emploi de la majuscule (différent en anglais);

— la ponctuation (qui peut différer selon les maisons d'édition; en anglais, le point remplace souvent la virgule);

— l'emploi de l'italique (qui correspond au souligné dans un manuscrit);

— l'emploi des guillemets pour les titres d'articles (ces guillemets sont omis chez certaines maisons d'édition).

- **un livre**

> LANDRY, Bruno et Michel MERCIER. 1983,
> *Notions de géologie,* Modulo Editeur,
> Outremont (Québec), 425 p.

- **un article**

> De Oliveira, D. et M. Durand. 1978. «Head capsule
> growth in *Culex territans* walker». *Mosquito
> News,* 38, pp. 230-233.
>
> SMORAGIEWICZ, Wanda, Bertrand LANGLET et
> Armel BOUTARD. 1986, «Revue de la valorisa-
> tion du lactoserum comme moyen efficace de
> lutter contre la pollution du milieu», *Sciences
> et techniques de l'eau,* 19(3), pp. 277-281.

Dans le dernier exemple, 19(3) signifie:
volume 19, fascicule (ou numéro) 3.

Il est à noter que les titres de revues sont souvent
abrégés dans certaines bibliographies.

- **un article dans un livre**

> LAUREC, Alain. 1982, «Traitement des signaux
> quantitatifs et implications dans l'échantillon-
> nage», pp. 217-270. *IN* FRONTIER, Serge.
> 1982, *Stratégies d'échantillonnage en écologie,*
> Les Presses de l'Université Laval, Québec,
> 530 p.

Les règles d'écriture des références bibliographiques
peuvent varier légèrement selon les maisons d'édition et
selon la langue du document (français ou anglais, en ce
qui nous concerne). Prenez exemple sur les
bibliographies des ouvrages classiques se rapportant à
votre champ d'études et, s'il y a lieu, suivez les
consignes particulières de votre professeur-e.

6. L'illustration scientifique

La qualité première d'une illustration scientifique
(schéma, photo, tableau, graphique, carte, etc.) est la
clarté de l'information qu'elle apporte. L'illustration doit
permettre au lecteur de saisir aisément le message, quel
que soit le degré de précision ou de concision de ce
dernier. Vous trouverez ici quelques conseils et
consignes qui pourront vous aider à mieux illustrer vos
rapports de travaux pratiques.

Utilisez de bons OUTILS:

— crayons ou stylos à pointe fine, au trait foncé;
— instrument de mesure (linéaire ou angulaire) précis;
— papier adéquat: par exemple, papier millimétrique;
                   papier à échelle linéaire, semi-
                   logarithmique ou logarithmique.

Si vous avez accès à un micro-ordinateur, certains
progiciels vous faciliteront la tâche; par exemple:

— pour Macintosh: Excel.
— pour système de type IBM PC: Lotus 1-2-3.

Adaptez la DIMENSION de l'illustration à son contenu informatif: une figure trop petite, par exemple, entraîne une perte d'informations. Ne surchargez pas une figure.

Utilisez un GRAPHISME sobre, de grosseur appropriée, dont la lecture est facile.

Utilisez des SYMBOLES simples: le lecteur doit pouvoir les distinguer facilement les uns des autres et les repérer aisément. Dans le choix des symboles, respectez les conventions propres à votre discipline. Identifiez clairement les symboles en une légende concise, placée au bas de la figure.

Les COLONNES d'un tableau et les AXES d'un graphique doivent être identifiés: de quelle VARIABLE s'agit-il? quelle est l'UNITÉ de mesure utilisée?

Les COLONNES d'un tableau doivent être bien espacées pour faciliter la lecture des données.

Les AXES d'un graphique se croisent au point 0 et doivent être marqués de repères précis et suffisamment nombreux (par exemple: 10, 15, 20, 25, etc.). Quand il y a un saut entre deux repères, pour éviter d'allonger l'axe inutilement, on doit indiquer cette interruption par un symbole approprié: la ligne brisée. Par exemple: 0 — / — 100, 110, 115, 120, etc.

La COURBE d'un graphique devrait prendre au moins les deux-tiers de la surface du papier.

Les POINTS sur un graphique doivent être clairement visibles. On peut les entourer d'un petit cercle, par exemple, d'un triangle ou d'un rectangle, etc.

Lorsqu'un graphique comporte plusieurs droites ou plusieurs courbes, il faut faire en sorte que chacune de celles-ci se distingue bien des autres et que son tracé soit aisément repérable, sans confusion possible. Pour éviter de surcharger un graphique, mieux vaut diviser l'information en plusieurs figures. Si l'on utilise des transparents, ces graphiques peuvent être ensuite superposés pour rassembler finalement toute l'information disponible.

Sur un graphique, on peut inscrire les informations concernant la corrélation entre les variables (coefficient, signification), et les paramètres de la régression d'une variable en une autre (pente, ordonnée à l'origine, équation de la droite, coefficient de détermination, signification).

Si le tableau, la figure ou la photo provient d'un document, d'un organisme ou d'un individu, il faut indiquer la SOURCE au bas de l'illustration. On procède alors de la même façon que pour les références dans le texte.

Si l'illustration emprunte des éléments à une ou plusieurs autres illustrations (synthèse d'informations, utilisation partielle de données, etc.) on doit également référer à la-aux source-s. Par exemple: D'après Desrosiers (1985) et Hausser et coll. (1985).

Le titre d'une figure ou d'un tableau doit être descriptif. Dans certains cas, il doit contenir la date et le lieu où les mesures ont été prises.

Le titre d'un tableau se place en haut du tableau; celui d'une figure, en bas de la figure.

Les tableaux et figures doivent être NUMÉROTÉS séparément. On utilise habituellement des chiffres arabes pour les figures et des chiffres romains pour les tableaux.

Une CARTE doit comporter une indication du Nord et une échelle. Les symboles utilisés doivent être clairement identifiés. Si la dimension de cette carte le permet, elle peut faire partie intégrante du rapport; elle est alors numérotée comme une figure. Sinon, placez-la en appendice, dans une pochette par exemple.

Voici un exemple de tableau de valeurs numériques.

Tableau I

**Nombre d'événements radioactifs détectés (N)
par un compteur Geiger
en fonction du voltage (V) appliqué**

V (volts)	N[1]	$\pm\sqrt{N}$ [2]
530	0	—
532,6	seuil	—
550	5228	72
575	5837	76
600	6050	78
650	6104	78
700	6177	79
750	6193	79
800	6244	79
850	6275	79
900	6280	79
950	6151	78
1000	6279	79
1050	6140	78
1100	6192	79
1150	8854	94
1200	13363	116

(1) — Périodes de comptage de 30 secondes.
(2) — Erreur statistique sur la mesure de N,
       arrondie à l'entier le plus proche.

Voici un exemple de graphique.

Le graphique permet entre autres d'illustrer clairement une tendance qui ne serait pas évidente dans un tableau.

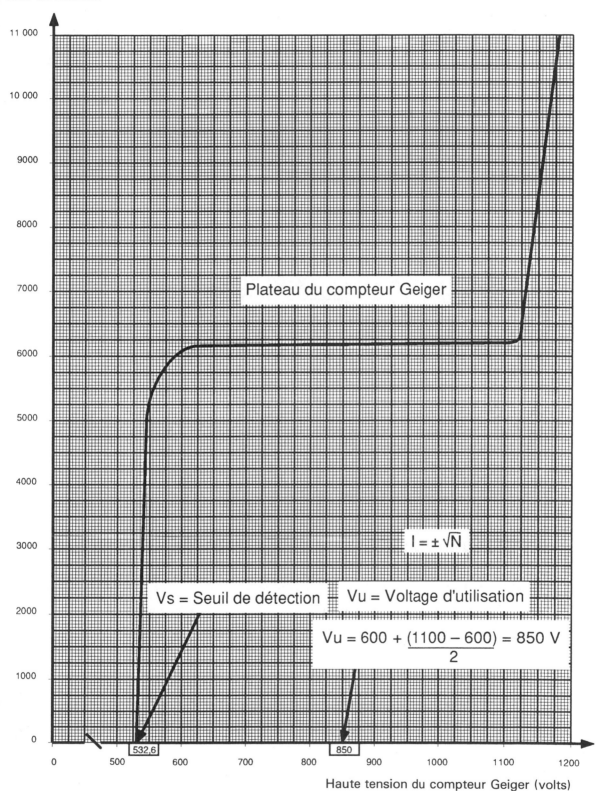

Figure 1. **Variation du nombre d'événements détectés (N/30 s) par un compteur Geiger en fonction du voltage (V) appliqué**

Voici un exemple d'histogramme.

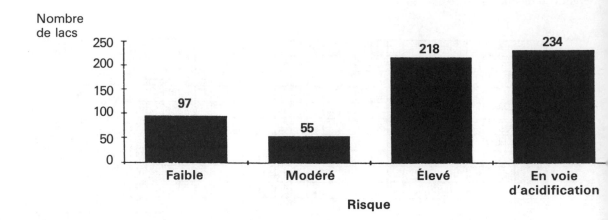

Source: Société pour Vaincre la Pollution (1984)

Figure 2.   **Niveau d'acidification de 604 lacs échantillonnés au Québec**

Référence (à inclure dans la liste des références bibliographiques du rapport) :

SOCIÉTÉ POUR VAINCRE LA POLLUTION (SVP). 1984, *La carte acide du Québec: le diagnostic est inquiétant,* SVP, Montréal, 15 p. *In* GOUVERNE-MENT DU QUÉBEC. 1986, *Santé environnementale au Québec, Bases théoriques et pratiques,* Les Publications du Québec, Québec, 336 p.

16

L'ORDINATEUR-OUTIL

rédigé par Serge Berthelot
et Nicole Lebrun

Il est possible maintenant d'utiliser un micro-ordinateur dans la plupart des institutions d'enseignement. La diversité des logiciels en fait un outil de travail pratique, puissant, rentable et efficace.

Vous désirez utiliser l'ordinateur pour réaliser vos travaux mais vous ne savez pas comment? Ce chapitre, en plus d'offrir quelques définitions de base, contient des informations et des recommandations susceptibles de vous aider.

SOMMAIRE

1 Le système de base
2 Les logiciels d'application
3 Les banques de données
4 Différentes ressources
5 Recommandations générales

1. Le système de base

Un système informatique vous permet de rechercher de l'information, de la traiter et de la modifier selon vos besoins et d'accomplir des tâches qui, autrement, seraient longues, ardues et parfois impossibles à réaliser. Afin de pouvoir communiquer avec l'usager, l'ordinateur doit être relié à un certain nombre de périphériques. Ces derniers sont souvent sélectionnés en fonction du type d'ordinateur et des tâches à réaliser.

Ordinateur

Un **ordinateur** est essentiellement composé de circuits électroniques qui peuvent être programmés afin d'effectuer le travail demandé. Bien que deux ordinateurs puissent extérieurement se ressembler, ils présentent souvent des différences notables comme, par exemple, la capacité de mémoire. Ces différences conditionnent pour une bonne part le choix des logiciels à utiliser.

Le système de base

Imprimante

Ordinateur

Clavier

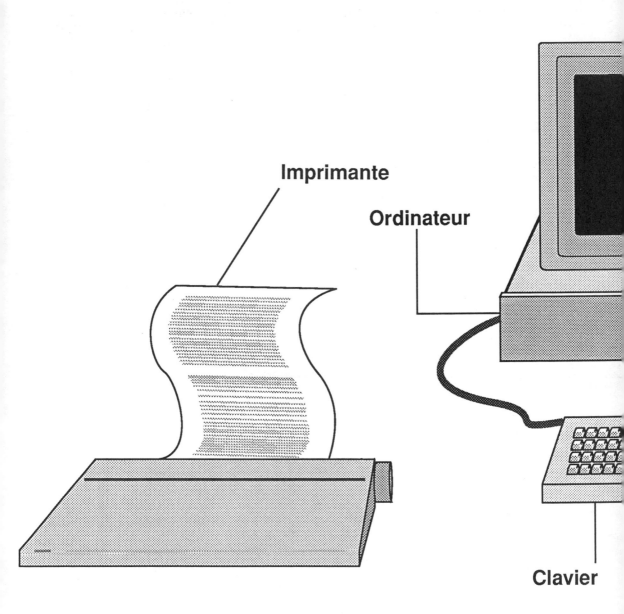

Écran de visualisation

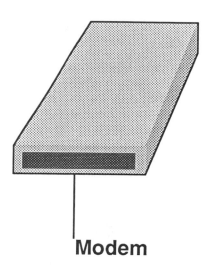

Modem

Lecteur de disquettes

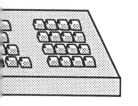

Souris

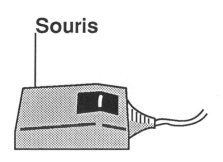

Imprimante

Reliée à l'ordinateur, l'**imprimante** permet d'obtenir les résultats de votre travail sur papier. Certaines imprimantes permettent non seulement l'impression de textes mais la reproduction également de différents graphiques. Le choix d'une imprimante peut être relativement délicat. Sa compatibilité avec l'ordinateur et les logiciels utilisés ainsi que sa vitesse et sa qualité d'impression sont des facteurs que vous devez prendre en considération.

Écran de visualisation

L'écran de visualisation ressemble à une télévision. C'est le périphérique privilégié qui permet la communication de l'ordinateur vers l'usager. Il affiche non seulement ce que vous tapez sur le clavier mais également les résultats ou les messages communiqués par votre ordinateur. Sur certains systèmes informatiques, il est possible d'utiliser différents écrans ayant des caractéristiques propres: écran graphique couleur, graphique monochrome, etc. Actuellement, l'écran graphique est le plus populaire et convient à la réalisation de la plupart des tâches.

Clavier

Le **clavier** est un périphérique qui permet la transmission des informations à l'ordinateur. Il doit être bien adapté à la machine et aux logiciels utilisés et offrir tout le confort ergonomique nécessaire. Les claviers usuels comportent:

— des touches alphanumériques (lettres, chiffres, signes de ponctuation, symboles divers);

— des touches de déplacement de curseur (point lumineux à l'écran) et de contrôle de l'écran;

— des touches de fonction utilisées dans la plupart des logiciels.

Modem

Le **modem** permet la communication à distance entre ordinateurs. Comme son nom l'indique, il sert à **MO**duler et à **DEM**oduler un signal électronique, généralement transmis par des lignes téléphoniques. On caractérise souvent le modem par sa vitesse de transmission des informations c'est-à-dire le nombre de caractères qu'il peut transmettre par seconde.

Lecteur de disquettes

Un **lecteur de disquettes** est un périphérique qui permet à l'ordinateur de:

— lire les programmes nécessaires pour réaliser différentes tâches;

— mémoriser les tâches réalisées à l'aide des programmes.

La disquette est un support magnétique utilisé pour enregistrer des informations. Comme tout support magnétique, la disquette doit être manipulée avec soin afin d'éviter toute perte accidentelle d'informations.

Souris

La **souris** est un périphérique qui permet de pointer directement à l'écran les diverses fonctions d'un logiciel ou encore d'effectuer différents tracés graphiques. Elle complète pour ainsi dire le clavier. Elle est intégrée sur certains systèmes informatiques et optionnelle sur d'autres.

2. Les logiciels d'application

Micro-ordinateur et logiciels ne peuvent fonctionner l'un sans l'autre. Les logiciels constituent un ensemble d'instructions qui, exécutées par l'ordinateur, concourent à un certain résultat. Vous êtes appelé à l'intérieur de vos cours à effectuer des tâches nombreuses et diversifiées. Certains logiciels d'application s'avéreront d'excellents outils de production: ils vous aideront à réaliser différentes tâches.

Tâche: Production de textes

Le **traitement de texte** est le logiciel qui permet la dactylographie, la modification et l'impression de textes selon différentes présentations. À ces principales fonctions viennent parfois s'ajouter des fonctions de représentation graphique, de calculs mathématiques élémentaires et de vérification d'orthographe. Ce type de logiciel vous permet donc de rédiger des travaux, monter des dossiers, conserver des notes de cours avec les avantages suivants:

— modifications illimitées sans avoir à retaper le texte en entier;

— propreté de la copie;

— qualité de la présentation matérielle des textes;

— réduction du nombre de fautes d'orthographe d'usage (lorsqu'un vérificateur d'orthographe est intégré au logiciel);

— possibilité de télécommunication (messagerie électronique, télétex, télécopie, etc.).

Tâche: Production mathématique

Le **chiffrier électronique** est un logiciel qui permet la présentation d'informations ordonnées en rangées et en colonnes. À partir de ces informations, il est possible d'effectuer des opérations mathématiques et logiques dont les résultats seront affichés à l'écran. La plupart des chiffriers électroniques comprennent également des fonctions qui servent à tracer des diagrammes ou à composer différents tableaux.

Ce type de logiciel vous permet entre autres d'analyser des données (personnel, ventes, dépenses, population, etc.), de les planifier (jour, mois, année, etc), de les consulter à volonté et, finalement, de les modifier pour avoir des données constamment à jour. Vous pouvez également recalculer toutes les valeurs d'un tableau en fonction des modifications que vous aurez apportées au modèle original. Le chiffrier électronique constitue donc un excellent outil de gestion, de modélisation et de simulation. Voici quelques exemples d'utilisation:

— modélisation de données mathématiques, chimiques, physiques, biologiques, géographiques, etc.;

— simulation de différentes activités ou projets (cotes de la bourse, état financier d'une entreprise, etc.);

— gestion des tâches, administration et comptabilité (budget, rapport d'impôt, etc.);

— présentation de différents tableaux et diagrammes;

— calculs d'opérations diverses (moyennes, etc.).

Le chiffrier électronique est un outil général pour le traitement de données mathématiques. D'autres logiciels spécialisés en comptabilité et en statistiques existent sur le marché et permettent de répondre à des besoins encore plus particuliers.

Tâche: Production graphique

Dessins, lettrage, diagrammes, plans et schémas utiles, voire indispensables pour certains travaux sont réalisables à l'aide des **éditeurs graphiques**. Les éditeurs graphiques permettent:

— la production de dessins pour la page couverture de vos travaux, la réalisation de posters, d'affiches, etc.;

— la production de tableaux et de diagrammes comme les partitions de cercles, de courbes, etc.;

— la production de dessins techniques comme la réalisation d'un plan de bâtiment, de circuit électronique, etc. (Conception Assisté par Ordinateur: CAO).

Tâche: Gestion de fichiers

En informatique, on appelle «fichiers» tout ensemble structuré d'informations ou de données. Les logiciels de **bases de données** permettent de conserver des données de façon structurée. On peut comparer un fichier de données à un tiroir de classeur plein de documents. Comme les documents qui sont classés dans un certain ordre, les données sont organisées selon une structure bien définie: fichier, enregistrement, champs. Le système BADADUQ de l'UQAM constitue un bon exemple de base de données.

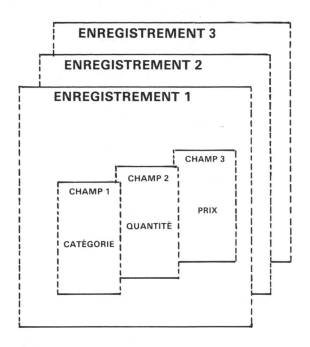

FICHIER: INVENTAIRE DES LIVRES

Les bases de données vous permettent de créer, d'archiver et de consulter différents types de répertoires selon vos besoins. Vous pouvez ainsi réaliser la compilation systématique de nombreuses données (livres, comptes, logiciels, etc.) et les sélectionner ensuite selon les critères de choix de chacun des champs.

Tâche: Gestion de projets

Basées sur les techniques de P.E.R.T (Project Evaluation and Review Technics) et de C.P.M. (Critical Path Method), les logiciels de **gestion de projets** sont des outils qui vous permettent d'analyser, de planifier la réalisation de certains projets c'est-à-dire un ensemble de tâches ou d'activités interreliées et orientées vers un but précis, en tenant compte des contraintes de temps et de coût. Voici quelques exemples où l'utilisation d'un logiciel de gestion de projets s'avère utile:

— réalisation d'une production visuelle, pièce de théâtre, etc.;

— implantation d'un programme, d'un laboratoire, d'une nouvelle activité, etc.

Tâche: Transfert d'informations

Les **logiciels de communication** et l'utilisation de modems et de lignes téléphoniques permettent l'échange immédiat d'informations entre ordinateurs. Sous sa forme la plus simple, ce type de logiciel remplit essentiellement deux fonctions: il envoie les messages que vous tapez sur votre clavier sous forme de signaux sur la ligne téléphonique; en sens inverse, il reçoit les messages provenant de la ligne téléphonique et les affiche à l'écran.

		ligne		
: Ordinateur : _____	: Modem A : _____	: Modem B : _____	: Ordinateur :
:_____ :	: _____ : téléphonique	: _____ :	:_____ :

Ainsi, des **RÉSEAUX** se créent entre différents usagers qui partagent des intérêts communs. Ces réseaux informels et facilement accessibles par ligne téléphonique permettent le transfert d'informations entre différents ordinateurs.

3. Les banques de données

Les **banques de données** constituent un ensemble d'informations recouvrant un domaine particulier de connaissances. Elles sont généralement regroupées dans des institutions et des organismes publics. Vous pouvez consulter ces banques à distance et à peu de frais. Les protocoles d'utilisation sont généralement simples mais peuvent différer d'une banque à l'autre. Voici quelques exemples des domaines de consultation:

— consultation des fichiers de bibliothèques (BADADUQ Université du Québec, Centrale des Bibliothèques, etc.);

— consultation de répertoires des logiciels (LOGIBASE);

— consultation de références bibliographiques: ces banques de références sont utiles pour obtenir des informations pertinentes à certains travaux de recherche. Il existe actuellement un grand nombre de ces banques regroupant différents champs de connaissance tels ERIC en éducation, DISSERTATION ABSTRACT pour les recherches doctorales, PSYCINFO en psychologie, LEGAL RESSOURCE INDEX en droit, etc. Les Presses de l'Université du Québec gèrent une banque d'informations nommée INFOPUQ.;

— consultation de catalogues commerciaux: achat de livres à distance, etc. Signalons à ce sujet la banque THE SOURCE qui appartient à SELECTION DU READER'S DIGEST ainsi que son concurrent COMPUSERVE.

4. Différentes ressources

OÙ et **COMMENT** se procure-t-on le matériel et les logiciels dont on a besoin? Plusieurs possibilités vous sont offertes: location, emprunt, achat, etc. Établissez d'abord vos priorités et avant d'investir dans l'achat d'un système informatique, parlez-en avec des collègues, des amis-es, des experts-es et surtout prenez le temps d'expérimenter cette technologie.

ACCÈS	aux équipements dans les laboratoires de votre institution
	consultation des logiciels dans les bibliothèques/médiathèques, les laboratoires d'informatique, le service informatique de votre institution
	utilisation des équipements d'amis-es, de collègues
LOCATION	à long terme des équipements (vous disposez des équipements à domicile)
	du temps d'utilisation des équipements (environ 3$/hre incluant certains logiciels)
ACHAT	individuel des équipements (des réductions sont souvent offertes aux étudiants)
	de groupe des équipements (meilleur prix et un certain suivi)
	des équipements avec l'aide de certains programmes gouvernementaux
	de logiciels «libres de droit d'auteur» dans les clubs d'utilisateurs et dans certains organismes tels que «Pc-Sig», spécialisés dans la distribution de ce type de logiciels
	de logiciels (vous pouvez obtenir des informations dans des revues d'informatique, dans certaines COOP étudiantes ou certains magasins spécialisés).

5. Recommandations générales

Il faut se rappeler que l'apprentissage du fonctionnement d'un micro-ordinateur et des différents logiciels peut représenter des difficultés particulières, surtout si vous êtes **un-e néophyte.** Il ne faut pas s'en étonner car les méthodes de travail nécessaires à maîtriser exigent souvent l'acquisition de nouveaux savoirs et savoir-faire. Mais cela ne devrait pas vous décourager: vos efforts seront vite récompensés.

Vos apprentissages seront facilités si vous suivez les recommandations suivantes:

— lire toute la documentation et faire quelques essais avec des données fictives;

— avoir toujours des copies de sécurité du travail effectué à l'aide du logiciel;

— avoir de bonnes sources d'informations (collègues, clubs d'utilisateurs, livres, revues et magasins spécialisés, cours d'initiation, babillards électroniques) afin de pouvoir obtenir de l'aide en cas de besoin;

— avoir du matériel de bonne qualité (n'épargnez pas sur la qualité des disquettes ou des logiciels par exemple).

L'ordinateur est un outil précieux. Vous découvrirez rapidement ses nombreuses possibilités au fur et à mesure que vous l'utiliserez pour réaliser vos tâches. Il impliquera au début des heures d'apprentissage. Mais vous serez vite récompensé-e par l'augmentation de votre productivité. De plus, la maîtrise de cette technologie sera profitable tout au long de votre vie professionnelle.

TYPE DE LOGICIELS	TYPE D'ORDINATEURS	
	IBM-PC ET COMPATIBLES	MAC INTOSH
Traitement de textes	Word Perfect 4.1 Microsoft Word	Mac Write 4.5 Microsoft Word
Chiffrier électronique	Lotus 1-2-3 Multiplan	Multiplan
Statistiques	SPSS + SAS	StatView
Comptabilité	Pc-Fund	Dollars & Sense
Processeur d'idées	Think Thank	Think Thank More
Gestion de fichiers	DBase III	FileMaker+
Gestion de projets	Harvard Total Project Manager	MacProject
Dessins et Lettrage	Pc-Paint Brush Pc-Crayon	MacPaint FullPaint
Schémas	EnerGraphics Chart Master	MacDraw MacDraft Cricket Graph Chart
Dessin technique	Auto CAD	Auto CAD
Télécommunication	Pc-Talk III	Smartcom II
Logiciels intégrés*	GEM Frame Work	Jazz 1, 2 Works

* La plupart des logiciels outils tels que le traitement de texte, le chiffrier électronique, les logiciels de graphisme, les bases de données, etc. sont de plus en plus intégrés en un seul que l'on qualifie généralement de «logiciel intégré».

BIBLIOGRAPHIE

BERTHELOT, S., FORTIER, G., LEBRUN, N., MYRE, G. L'éducation compatible avec l'ordinateur, Montréal, éd. Agence d'Arc, 1987. (sous presse).

BRADBEER, DE BONO, LAURIE. Aimeriez-vous comprendre l'informatique? Montréal, éd. du Renouveau pédagogique, 1983, 218 pages.

BRECHNER, I. What a computer can do for you, Chicago, éd. Widl Video, 1983, 132 pages.

TIME-LIFE, Understanding Computers, États-Unis, éd. Time-Life Books, 1985, (ouvrages en plusieurs volumes).

17

LA RECHERCHE D'EMPLOI

rédigé par Ginette Lépine

Chercher un emploi ce n'est pas une chose facile, surtout quand la conjoncture économique n'est pas reluisante. Jeune et sans expérience, on peut même y voir un certain cul-de-sac. Le problème en est un de société et des recherches de solutions collectives doivent être envisagées. Cependant, il existe des moyens individuels de recherche d'emploi; ce chapitre vous les présente.

Le Service d'orientation et d'information scolaire et professionnelle peut vous aider à trouver un emploi. Il met à votre disposition des statistiques et des prévisions sur les différentes catégories d'emploi en regard des débouchés sur le marché du travail. Demandez à une personne-ressource comment vous procurer le document **La recherche d'emploi**; il contient les données suivantes

— l'analyse personnelle (pour établir les points forts et les limites de votre candidature);
— les outils de prospection : le curriculum vitæ et la lettre de présentation;
— la démarche de prospection;
— l'entrevue.

1. Le curriculum vitæ

Faire son curriculum vitæ c'est généralement ennuyeux, mais l'on sait à quel point il est important de ne pas bâcler ce papier à partir duquel l'on jugera de la pertinence de votre candidature à un poste.

A) Suggestions pour la préparation d'un curriculum vitæ

Le curriculum vitæ est un document personnalisé dans lequel vous mettez en valeur votre cheminement, votre formation, vos expériences et vos champs d'intérêts. Organisez-le selon un modèle qui reflète votre personnalité, mais n'oubliez pas, votre curriculum vitæ gagnera à être adapté au secteur du marché du travail dans lequel vous voulez vous intégrer.

Mentionnons qu'il existe quelques grands types de curriculum vitæ : chronologique, narratif, centré sur les compétences développées. Vous en trouverez des exemples aux pages 220-223 de ce chapitre.

Un curriculum vitæ doit être complet sans être alourdi par toutes sortes de détails. Rédigé dans un style télégraphique, il devrait totaliser de deux à quatre pages. Voici les sections qu'on retrouve généralement dans un curriculum vitæ chronologique[1] :

1. Identification et renseignements personnels

— nom, prénom;

— adresse;

— numéro-s de téléphone (le vôtre et celui où l'on peut laisser un message).

Informations facultatives :

— lieu et date de naissance;

— langues parlées et écrites;

— mobilité géographique;

— nationalité;

— et tous les autres renseignements que vous jugez pertinents.

2. Formation générale, projets, travaux étudiants

Commencez par indiquer la formation scolaire la plus récente. L'ordre dans lequel il est préférable de rédiger les renseignements est le suivant : le diplôme obtenu, le nom de l'établissement, l'année ou les années durant lesquelles vous avez étudié.

Indiquez les sujets que vous avez approfondis au cours de votre formation, les stages que vous avez réalisés. N'indiquez que les plus importants. Énumérez aussi, si cela peut vous être favorable, vos aptitudes techniques, par exemple, la dactylographie.

---

1   On retrouve aussi ces informations dans les autres types de curriculum, mais elles sont présentées sous une autre forme.

3. Expérience de travail

Commencez par présenter votre expérience la plus récente et considérez tant le travail rémunéré (à temps plein, partiel, d'été) que le travail bénévole. Si vos expériences de travail sont nombreuses et brèves, il est préférable de vous limiter à celles qui sont les plus significatives en regard de l'emploi désiré. Indiquez les informations selon cet ordre : la durée de l'emploi, le titre de la fonction, le nom de l'employeur, vos responsabilités principales, vos réalisations particulières, les habiletés acquises, s'il y a lieu.

4. Activités reliées au champ professionnel

Présentez vos expériences, vos responsabilités et vos initiatives dans des activités reliées à votre champ professionnel. Mentionnez les organisations professionnelles dont vous faites partie et les postes où vous avez été élu, s'il y a lieu.

5. Champs d'intérêts et références

Regroupez vos champs d'intérêts, par exemple, vos activités parascolaires, sportives ou socio-culturelles. Ne négligez pas cette section, elle vous permettra de personnaliser votre curriculum vitæ.

Vous pouvez aussi intégrer à cette rubrique vos références. Adoptez l'une ou l'autre des formules suivantes :

— *des références vous seront fournies sur demande;*

— *les personnes suivantes* (trois idéalement) *ont accepté que je fournisse leur nom :* nom, occupation, adresse, téléphone.

Pour introduire votre curriculum vitæ, vous avez avantage à préparer une lettre de présentation qui doit être rédigée de manière à correspondre à l'emploi visé. Dans cette lettre, vous indiquez si vous répondez à une offre d'emploi ou si vous annoncez votre disponibilité pour d'éventuels emplois. Vous donnez quelques arguments à l'appui de votre candidature en insistant, par exemple, sur vos expériences les plus appropriées. Vous pouvez aussi indiquer vos objectifs professionnels. Autant que possible, faites parvenir votre demande aux soins d'une personne en particulier.

Bon nombre d'employeurs remettent un formulaire de demande d'emploi que vous devez remplir. Il peut être pertinent de joindre quand même votre curriculum vitæ accompagné d'une lettre de présentation, surtout si vous jugez que le formulaire ne vous a pas permis de bien présenter vos expériences et vos qualifications.

B) Quelques exemples de curriculum vitæ

Adaptation d'exemples tirés du *Guide de rédaction du curriculum vitæ,* Association de placement universitaire et collégial, 1979, 24 pages.

Exemple d'un curriculum vitæ chronologique

JEAN LAFONTAINE

DÉTAILS PERSONNELS

129, avenue des Pins
Montréal (Québec)
H1S 4K8
Tél.: 270-9999

Né le 29 juin 1955
Canadien

ÉTUDES   Baccalauréat en administration des affaires.
UQAM-1974-77

Diplôme d'études collégiales (DEC) en sc. humaines.
Cégep de Maisonneuve — 1972-74

PRIX   1976 — Bourse de La fondation de l'UQAM

CONNAISSANCES PARTICULIÈRES

Programmation en COBOL. PL I.
Fortran

EMPLOIS

ÉTÉ 1975-76   Acheteur/ordonnancier aux achats. Cie Québec-Électricité.
Responsabilités : effectue les achats de divers produits, par exemple, des articles mécaniques ou structuraux, des produits électriques, de l'équipement et des fournitures de bureau.

L'été suivant, porte-parole de l'organisme dans ses communications avec d'autres firmes concernant l'équipement et les fournitures destinés au nouveau bureau principal. Ces responsabilités concernaient les délais de livraison, les écarts dans l'exécution des contrats, les vérifications de la qualité.

— Responsable de la solution de divers problèmes dans le cadre d'un calendrier de déménagement révisé et exigeant.

— Chargé de distribuer de l'information par l'entremise du réseau de communications de l'entreprise, principalement sous forme de rapports hebdomadaires.

— Ai acquis une bonne connaissance du service d'approvisionnement de l'entreprise; ai acquis de l'expérience dans la communication des exigences de l'organisme, dans un style personnel.

ÉTÉ 1974   Concierge divisionnaire :
Commission des transports urbains

— Chargé de l'entretien des bureaux et du dépôt des chauffeurs en transit.

— Ai pris part au travail général, au travail de sécurité et à un plan de roulement des équipes.

— Ai étudié les problèmes des relations du travail, des affaires syndicales et de la vie ouvrière.

ÉTÉ 1972   Commis de magasin : Perrette ltée.

1973   Travaux divers, y compris les relations avec la clientèle, la conciliation des recettes de caisse, le réapprovisionnement des rayons et le nettoyage des planchers.

— Apprentissage des activités d'un petit commerce.

1966-72   Livreur de journaux et surveillant des livreurs, Montréal - Soir.

Emploi à temps partiel   — Chargé de la livraison de journaux et de la rentrée des paiements.

— Ai appris la tenue de livres et à être en relation avec la clientèle.

En 1971, ai été nommé vendeur de district de l'année, après avoir reçu la médaille de 5 ans de service; ai été nommé au poste de surveillant des livreurs de journaux.

ACTIVITÉS ET INTÉRÊTS

1976-77   Secrétaire de l'Association des étudiants en sciences de la gestion.

1975-76   Membre du Conseil de module d'administration.

— Aime le vélo, le camping, le hockey ainsi que la politique et le théâtre.

RÉFÉRENCES

Fournies sur demande.

Exemple d'un curriculum vitæ chronologique

MARIE-LOUISE BARRI

DÉTAILS PERSONNELS

Adresse :	11, avenue des Érables
	Montréal (Québec)
	H3M 6B8
Téléphone :	(514) 761-0196
Âge :	29 ans

accepterais de déménager

ÉTUDES

Bacc. d'enseignement à l'enfance inadaptée — UQAM — mai 1973

Bacc. ès art — Collège Ste-Marie — 1969.

ÉTUDES SUPPLÉMENTAIRES

Méthodes Sablier — ce cours de 20 heures était organisé par la Commission scolaire de Chambly.

STAGE DE FORMATION

Mon premier stage a eu lieu à l'École primaire Jeanne-Mance. J'y passais un jour par semaine avec une classe de 14 enfants du «Programme spécial, première année».

Mon deuxième stage a eu lieu à la polyvalente Louis-Rousseau. J'enseignais à des adolescents ayant des troubles graves d'apprentissage. J'ai monté un projet en français pratique.

EXPÉRIENCE DE TRAVAIL

Mai 1972 — Mai 1973

Collège d'Arts et Métiers du Québec.
Division des arts créatifs : réceptionniste.

Juin-septembre 1971

Projet «Perspectives-Jeunesse» conjointement avec l'École Jeanne-Mance et le Centre régional de Montréal-Nord. Je travaillais avec un groupe d'enfants qui éprouvaient des difficultés.

ACTIVITÉS PARASCOLAIRES

Travail bénévole avec des enfants et des adultes handicapés mentalement.

Intérêts d'ordre général : camping, gymnastique, lecture et politique.

RÉALISATIONS PERSONNELLES

Présidente du Groupe de la jeunesse de Montréal pour les handicapés mentaux.

RÉFÉRENCES

Les personnes suivantes ont accepté que je fournisse leur nom :

Mme Marie Brunet
Coordonnatrice des
services sociaux
Collège du Québec
C.P. 1000
Montréal (Québec)
523-6810, poste 477

M. et Mme Barbier
17, avenue de Séville
Montréal-Sud (Québec)
742-0218

M.C. Martin, Directeur
École primaire Jeanne-Mance
10, avenue des Bouleaux
Montréal (Québec)
842-6421

Exemple d'un curriculum vitæ centré sur les fonctions occupées

Jeanne Martin

29, rue du Marché
Saint-Hyacinthe (Québec)
G1P 4A1
Téléphone : 596-0845

Née le 16 septembre 1941

OBJECTIF

Un poste dans l'administration du personnel,
conduisant peut-être à une carrière d'agente de
formation du personnel.

COMPÉTENCE ACQUISE
DANS L'ADMINISTRATION
ET L'ORGANISATION

— A inauguré des cours d'éducation audio-visuelle à
la Commission scolaire de St-Hyacinthe.

— A planifié et coordonné des colloques sur les
méthodes de recherche d'emploi utilisées par
divers modules de l'UQAM.

COMPÉTENCE CONCERNANT
LES ENTREVUES

— A mené des entrevues avec des étudiants, des
diplômés et des anciens de l'UQAM afin d'identifier leurs besoins de support, par exemple, aux
plans de leur orientation professionnelle, de la
direction de leurs études ou encore des techniques de recherche d'emplois.

— A fait l'entrevue des membres du personnel du
Centre Travail-Québec à l'UQAM et de divers employeurs dans les secteurs public et privé et a
remis des rapports au Bureau de recherche de
l'université.
Sujet : les possibilités d'emploi pour les futurs
diplômés.

— A mené des entrevues d'engagement dans un
ministère du gouvernement du Québec.

COMPÉTENCE DANS
L'ENSEIGNEMENT ET
DANS LA FORMATION
DU PERSONNEL

— A enseigné les méthodes de recherche d'emplois
au Centre Travail-Québec à l'UQAM.

— A préparé et donné des cours de français,
d'anglais et de communication; ces cours repré-
sentaient une innovation, utilisaient des
techniques diverses, audio-visuelles ou centrées
sur l'individu, des colloques et des leçons
particulières.

— A supervisé l'enseignement par les
étudiants-maîtres du programme d'information
scolaire et professionnelle.

— A enseigné pendant 4 ans dans une école
secondaire de Saint-Hyacinthe (le français,
l'anglais, les médias de masse) dans les classes
de la 9e à la 12e année.

EXPÉRIENCE DE
LA RÉDACTION

— Chargée de rédiger, publier et distribuer des
renseignements (publicité) concernant les activités du Centre Travail-Québec à l'UQAM.

— A rédigé diverses brochures au sujet de plusieurs
méthodes de recherche d'emplois.

EXPÉRIENCE DE TRAVAUX
DIVERS, À TEMPS
PARTIEL ET EN ÉTÉ

— Tenue de livres, Camp Wahoo, été 1963

— Vendeuse chez Eaton's, 1957-1962

— Instructrice d'arts et d'artisanat, YMCA, 1958

— Conseillère-instructrice dans un camp de jeunesse
du YMCA, 1957

— Commis en second, Banque de Commerce
Canadienne Impériale, 1956.

ÉTUDES :   Licence ès lettres, Université de Montréal, 1965
Bacc. en information scolaire et professionnelle,
UQAM, 1974.

MEMBRE DE :

Association des conseillers scolaires, 1975, 1976

Ateliers de développement professionnel, Association
de placement universitaire et collégial (APUC),
1975-1976

RÉFÉRENCES

Fournies sur demande.

Exemple d'un curriculum vitæ narratif

Joseph Lebrun

16, avenue Desrosiers
Saint-Laurent (Québec)
H3L 7A3
Téléphone : 461-3094

Né le 29 décembre 1951

Maîtrise parfaite de l'anglais et du français

OBJECTIF

Un poste à n'importe quel niveau dans la scénari-sation, la réalisation et le montage des films.

EXPÉRIENCE
DANS CE DOMAINE

L'an passé, j'ai écrit, réalisé et monté «Nuits d'été», comédie inédite d'une durée de 15 minutes, avec des acteurs et une équipe non professionnelle.

Ce film a été présenté au deuxième Festival annuel du film à Montréal. On lui a décerné le troisième prix de la section «Comédies» et le premier prix de la section «Plan original de film.»
(Une épreuve de présentation du film est disponible).

J'ai écrit «Caïn et Abel», documentaire de 20 minutes traitant de la rivalité entre deux frères, et j'ai fait le travail de caméra pour ce même film. J'ai aussi dirigé «Caravane», documentaire de 30 minutes sur un festival ethnique annuel.

AUTRES EXPÉRIENCES
CINÉMATOGRAPHIQUES

En 1975, j'ai joué le rôle principal d'un élève d'école secondaire qui abandonne ses études, dans une émis-sion de télévision de 30 minutes réalisée pour la Direc-tion des communications éducatives du Québec.

J'ai été chef d'équipe dans la réalisation d'un film des Productions Jeanne-Giroux. Je réglais l'éclairage de la scène selon les instructions du directeur de la photo-graphie et m'assurais que l'énergie électrique était disponible en quantité suffisante.

J'étais chargé d'enregistrer le son pour la production du film «Peuple et art» de Jean-Pierre Levert, et j'avais la responsabilité de l'enregistrement stéréo-phonique des voix, des effets et de la musique.

EMPLOIS

Studio 50, Montréal
Pendant l'été 1974, j'ai fait fonction de chef de studios : j'ai dirigé les réservations, surveillé les équipes extérieures qui utilisaient les installations, etc. J'ai réorganisé les locaux affectés à la construction des décors et l'emmagasinage des accessoires, afin de les rendre plus fonctionnels.

Durant les étés 1972 et 1973, j'ai été technicien de chambre noire chez Kodak International.

ÉTUDES EN
CINÉMA

1977 — Je suis inscrit au bacc. en communications de l'UQAM.

1973-1974 — J'ai pris part à l'atelier de rédaction de scénarios sous la direction de Jean-Pierre Labrèche.

1974 — Diplôme d'études avancées en cinéma, Institut polytechnique de l'Ontario.
Je me suis placé dans le premier cinquième de la classe.

AUTRES
RENSEIGNEMENTS

Je collectionne les ouvrages photographiques, je fais de la peinture et j'écris des poèmes.

Je suis membre actif de l'Association des travailleurs et travailleuses du cinéma.

J'écris des scénarios et je fais de la photographie.

Je fais mes propres travaux en chambre noire.

2. L'entrevue d'emploi

L'entrevue d'emploi vise (en principe!) à déterminer la pertinence de la formation et de l'expérience d'un-e candidat-e en regard d'un emploi. Elle évalue également la personnalité du candidat ou de la candidate, sa motivation et sa capacité d'intégration dans une équipe.

Selon les différentes composantes de la tâche à accomplir, les questions d'entrevue portent sur les expériences de travail, les études, les intérêts professionnels, l'orientation de carrière, les activités autres que professionnelles. Des facteurs tels que l'initiative, l'esprit d'analyse et de synthèse, les capacités de communication et d'adaptation sont souvent considérés. Au cours de l'entrevue, vous pouvez être placé dans des situations hypothétiques; pensons par exemple à la question : «Que feriez-vous dans telle circonstance?» On peut aussi vous demander de résoudre des problèmes liés avec l'emploi en jeu.

Il n'y a pas de durée fixe pour une entrevue mais, généralement, le temps accordé est de vingt à trente minutes. L'entrevue peut être menée par une seule ou par plusieurs personnes (le directeur du bureau du personnel ou son représentant, le supérieur immédiat, des cadres de l'entreprise).

Quand on obtient une entrevue, c'est que son curriculum vitæ a produit une impression favorable et que l'on est retenu comme l'un des candidats compétents. Voilà pourquoi il est important que votre curriculum vitæ soit complet, sans exagération ni omission d'éléments pertinents; une information erronée ou incomplète peut créer une mauvaise impression lors de l'entrevue. Idéalement, l'entrevue devrait être un échange entre deux parties plutôt qu'un examen subi par un candidat. Voici quelques conseils pour vous faciliter la tâche et augmenter vos chances d'établir une bonne communication.

A) Avant l'entrevue

— Inscrire le jour et la date, l'heure et l'endroit de l'entrevue, le trajet pour s'y rendre, le nom et la fonction de la personne qui sera à l'accueil.

— Obtenir des renseignements au sujet de l'emploi (tâches, responsabilités, exigences, échelles salariales) et de l'organisme (la nature de ses opérations, ses produits ou services, sa situation par rapport à son secteur d'activités, le nombre d'employés, les projets). À cet effet, vous pouvez consulter les rapports annuels de l'organisme, sa publicité, ses bulletins d'information, le syndicat.

— Discuter avec des personnes qui travaillent dans le domaine ou qui sont employées par l'organisme.

— Établir des liens entre ses aptitudes, intérêts, connaissances, expériences, projets et l'emploi postulé; préciser ses motivations.

— Dresser la liste des points que l'on veut absolument aborder durant l'entrevue et préparer les questions que l'on désire poser.

— Analyser l'emploi pour prévoir les questions qui seront posées.

— Demander à un-e ami-e ou à un-e conseiller-ère en main-d'œuvre, son avis sur l'impression générale que l'on donne ou sur certaines formulations de réponses aux questions qui reviennent le plus souvent lors d'une entrevue d'emploi.

— Tenir compte du milieu de travail et du type d'emploi pour choisir son habillement, sans cependant nier sa personnalité et sa façon d'être.

— Arriver quelques minutes à l'avance pour être frais et dispos au moment de l'entrevue et pratiquer l'exercice «infaillible» suivant : prendre de lentes et profondes respirations.

En terminant, rappelez-vous qu'une bonne préparation à l'entrevue vous aidera. N'oubliez pas que si vous avez peu ou pas d'expérience de travail, l'employeur le sait puisqu'il a lu votre curriculum vitæ. S'il vous a accordé quand même une entrevue, c'est que votre formation nouvelle, votre dynamisme, votre esprit d'initiative et vos qualités personnelles sont ce qui l'intéressent davantage.

B) Pendant l'entrevue

— Laisser l'interviewer donner le ton, le regarder, être attentif-ve à ses réactions non-verbales; s'il y a plusieurs interviewers, tenter d'accorder de l'attention à chacun d'eux car ils sont des personnes différentes avec des points d'intérêt et des interrogations qui peuvent l'être tout autant.

— Éviter de jouer un rôle ou de disparaître au fond du fauteuil, participer activement à la rencontre, adopter le comportement le plus naturel possible (sourire, réagir, poser des questions).

— Répondre clairement et être précis, présenter des faits et fournir des exemples; éviter de répondre par oui ou par non; éviter également les longs discours et les argumentations.

— Prendre le temps de réfléchir si une question est difficile ou complexe, demander des précisions si la question est très vague.

— Ne pas hésiter, si une question est trop personnelle, à faire comprendre à l'interviewer qu'elle n'a pas de lien avec la capacité d'occuper l'emploi; limiter sa réponse s'il insiste.

— Manifester de l'intérêt pour l'emploi et utiliser l'information recueillie sur le poste et l'organisme; indiquez ses attentes et préférences si plusieurs emplois sont disponibles.

— Établir des liens entre sa formation, ses expériences, ses compétences et l'emploi postulé; insister sur ses aptitudes qui n'apparaissent pas dans le curriculum vitae; faire ressortir ses forces; ne pas tenter de camoufler ses échecs, insister plutôt sur le chemin parcouru entre-temps ou sur son souci de progresser.

— Mentionner des aspects qui semblent importants et qui ont été négligés avant que l'entrevue soit rendue à sa phase finale.

— Indiquer, s'il est question de salaire, sa connaissance des barèmes existants; ne pas commencer par parler du minimum acceptable pour laisser du champ libre à une négociation.

— Utiliser la période de questions généralement mise à sa disposition à la fin de l'entrevue.

— Indiquer avant la fin de l'entrevue son intérêt pour le poste et demander à quelle date une réponse sera donnée, puis remercier l'interviewer; si le poste ne vous intéresse pas ou ne vous convient pas, expliquez pourquoi et demandez à l'interviewer s'il peut vous indiquer d'autres emplois ou d'autres sources d'emploi.

Il existe une approche plus «entreprenante» de l'entrevue d'emploi. Ne l'utilisez que si elle convient à votre tempérament, sinon elle peut jouer en votre défaveur. Si vous êtes calme ce jour-là et que vous avez confiance en vous, allez-y. En quoi consiste cette approche? Au tout début de la rencontre, vous demandez si on peut vous accorder quelques minutes pour vous présenter. Si on vous répond par l'affirmative, utilisez cinq minutes au maximum pour le faire. Parlez de vos différentes qualifications et de la façon dont vous les avez acquises et établissez un lien entre ces qualifications et l'emploi postulé. Parlez aussi de votre façon d'entrevoir le travail. Indiquez pourquoi le poste et l'organisme vous intéressent en utilisant l'information que vous avez recueillie sur l'un et l'autre.

Par la suite, répondez aux questions de la façon la plus concise possible, surtout s'il y a plusieurs interviewers, ainsi chacun aura la chance de vous poser plusieurs questions. Vous pouvez vous pratiquer à répondre en une minute aux questions qui reviennent le plus fréquemment en entrevue.

- Quels emplois avez-vous occupés? Pourquoi les avez-vous quittés?

- Que vous ont appris les emplois que vous avez occupés?

- Quels sont les emplois que vous avez le plus aimés? le moins aimés? Pourquoi?

- Quelles sont les difficultés que vous y avez rencontrées et comment les avez-vous résolues?

- Quelles sont vos réalisations professionnelles et personnelles les plus importantes?

- Faites le bilan de votre formation.

- Qu'avez-vous appris ou réalisé dans vos stages?

- Pourquoi avez-vous choisi ce domaine comme travail?

- Au plan de la carrière, où vous voyez-vous dans 10 ans?

- Qu'est-ce qui est le plus important pour vous dans un emploi?

- Préférez-vous travailler seul ou en équipe?

- Comment réagissez-vous aux pressions émanant du travail?

- Quel genre de patron préférez-vous?

- Comment planifiez-vous votre travail?

- Pourquoi voulez-vous travailler chez nous?

- Que savez-vous de l'emploi que vous postulez?

- Pourquoi devrions-nous retenir votre candidature?

- Que pouvez-vous apporter à notre organisme?

- Que faites-vous pendant vos loisirs?

- Quels sont vos engagements sociaux ou communautaires?

C) Après l'entrevue

Vous pouvez tirer profit de l'expérience en analysant le déroulement de l'entrevue et vos réponses. Voici quelques questions pour le faire :

- L'atmosphère était-elle détendue?

- Est-ce que j'avais une connaissance suffisante de l'emploi et de l'employeur?

- L'emploi me convient-il?

- Mes réponses étaient-elles satisfaisantes?

- Ai-je fait ressortir mes forces et mes aptitudes?

- Quels seraient les points à améliorer?

Pour faire cet exercice, notez ce que vous avez retenu de l'entrevue aussitôt que possible.

Il peut être utile de faire des fiches sur les entrevues que vous avez passées. Voici un modèle de fiche que vous pouvez utiliser.

Nom de l'employeur :	Emploi postulé :

Nom de l'interviewer :

Documents remis :

Date de l'entrevue :

Date à laquelle on doit me rendre réponse :

Moyen par lequel j'ai pris connaissance de l'emploi :

Informations recueillies :

Réponse de l'employeur :

*Au verso, vous pouvez rédiger
des notes personnelles.*

Si vous tenez beaucoup à l'emploi et que vous ne recevez pas de réponse à la date prévue, attendez quelques jours, puis envoyez une courte lettre dans laquelle vous rappellerez l'entente conclue et vous manifesterez à nouveau votre intérêt pour l'emploi.

Si votre candidature n'est pas retenue, ne vous découragez surtout pas. L'entrevue est maintenant pour vous une expérience acquise qui pourra vous être utile les autres fois. Il peut même être avantageux de cumuler les expériences d'entrevue, car le jour où l'emploi «de vos rêves» sera en jeu, vous aurez davantage confiance en vous-mêmes. Et on connaît l'importance de la confiance en soi dans ce genre de circonstances!

BIBLIOGRAPHIE

Association de placement universitaire et collégial. Guide de rédaction du curriculum vitæ, 1979, 24 pages.

Service de placement UQAM. La recherche d'emploi, Montréal, 1981, 15 pages.

Commission de la fonction publique du Québec, Le recrutement dans la fonction publique du Québec, Guide du candidat, Québec, 1978.

BRAZEAU, Julie. Je cherche un emploi, Montréal, Les éditions de l'homme, 1983, 161 pages.

POROT, Daniel. Comment trouver une situation, Paris, éditions d'Organisation, 1977.

DES CADEAUX À SE FAIRE OFFRIR

Nous avons préparé une liste d'ouvrages qui peuvent vous aider à mieux travailler. Vous pouvez les suggérer à vos ami-e-s, à vos parents qui se demandent quoi vous offrir.

Dictionnaires généraux :

Les références qui suivent ne mentionnent pas l'année d'édition. Assurez-vous, lors de l'achat d'un dictionnaire, de vous procurer la **dernière édition.**

— Le Petit Robert I, Paris, Le Robert.

— Le Petit Robert II, Paris, Le Robert.

Dictionnaire des anglicismes :

— COLPRON, Gilles. Dictionnaire des anglicismes, Montréal, Beauchemin.

Dictionnaire de synonymes :

— BENAC, Henri. Dictionnaire des synonymes, Paris, éditions Hachette.

Grammaires :

— GREVISSE, Maurice. Le bon usage du français, Paris, Duculot.

— GREVISSE, Maurice. Précis de grammaire française, Ed. du Renouveau Pédagogique.

Dictionnaires des difficultés de la langue française :

— LE BESCHERELLE I, L'art de conjuguer, Québec, Hurtubise HMH.

— LE BESCHERELLE II, L'art de l'orthographe, Québec, Hurtubise HMH.

— COLIN, Jean-Paul. Dictionnaire des difficultés du français. Paris, Le Robert.

Dictionnaire anglais et de traduction :

— HARRIS SHORTER Dictionnaire anglais-français et français-anglais, Londres.

Il existe d'autres ouvrages (dictionnaires, grammaires...) très valables. Des dictionnaires spécialisés, des revues dans votre discipline ou votre champ d'études font des cadeaux intéressants; un abonnement à un journal ou à une revue d'intérêt général fait toujours plaisir. À vous de vous faire offrir l'ouvrage le plus approprié.